管理瞭望

《清华管理评论》
2022年文章精选

《清华管理评论》编辑部　编

企业管理出版社
ENTERPRISE MANAGEMENT PUBLISHING HOUSE

图书在版编目（CIP）数据

管理瞭望.《清华管理评论》2022年文章精选 /《清华管理评论》编辑部编. -- 北京：企业管理出版社，2024.11. -- ISBN 978-7-5164-3151-1

Ⅰ.F2-53

中国国家版本馆 CIP 数据核字第 2024CX6448 号

书　　名：	管理瞭望.《清华管理评论》2022年文章精选
书　　号：	ISBN 978-7-5164-3151-1
作　　者：	《清华管理评论》编辑部
责任编辑：	蒋舒娟
出版发行：	企业管理出版社
经　　销：	新华书店
地　　址：	北京市海淀区紫竹院南路17号　　邮　编：100048
网　　址：	http://www.emph.cn　　电子信箱：26814134@qq.com
电　　话：	编辑部（010）68701661　发行部（010）68417763　（010）68414644
印　　刷：	北京厚诚则铭印刷科技有限公司
版　　次：	2024年11月第1版
印　　次：	2024年11月第1次印刷
规　　格：	700毫米 × 1000毫米　1/16
印　　张：	14 印张
字　　数：	172 千字
定　　价：	68.00 元

版权所有　翻印必究　·　印装有误　负责调换

本书编委会

主　编　　　陈　劲

编　辑　　　卫敏丽　刘永选　朱　晶　周　扬
　　　　　　高菁阳　陈　静　钟　珏

序　言

无尽的管理创新

中国企业如何加速成为世界一流企业？中国企业如何助力中国式现代化的实现？如何助推中华民族的伟大复兴？这些目标的实现离不开企业持续的管理创新，离不开中国特色管理范式的形成。

《清华管理评论》自成立以来，一直致力于"思想引导变革"，以前沿的管理思想引导管理创新与管理变革。为此，《清华管理评论》每一年都会推出一本杂志文章的精选集《管理瞭望》，希望帮助中国企业家与管理者站到前沿探索管理创新。2024年，《管理瞭望》一如既往地挖掘管理创新的思想和实践，通过一篇一篇文章向广大的读者朋友立体式地呈现管理创新的前沿。

探寻创新，从历史启示到未来机遇。历史是智慧的馈赠者，未来是机遇的提供者。2024年《管理瞭望》的文章中，有的面向历史，从历史中汲取智慧，如通过发挥中华文明的整体观、系统观优势推进管理创新，再如从张謇的精神中寻找中国管理现代化的启示，从卢作孚的精神中寻找增进社会福祉的启示；有的面向未来，从战略、组织、人才管理、绩效管理、风险控制、项目集群管理等各种角度，比以往更加深入、精细地对管理创新的新可能进行探索，帮助管理者更好地应对数字时代的挑战，抓住数字时代管理创新的机遇。

探寻创新，从个人福祉到社会福祉。《清华管理评论》一直倡导人文精神，与办刊精神一致，今年的《管理瞭望》呈现了管理界的一种努力：

通过管理创新增进从个体到社会的福祉，一方面倡导管理要让人更具尊严、幸福感、成就感，更能感受到工作与生活的意义；另一方面倡导企业肩负社会责任，在创造经济价值的同时亦能创造伦理价值、增进社会福祉，如企业对SDGs（联合国2030可持续发展目标）的践行，在践行SDGs推动社会可持续发展的同时，企业不但可以不增加负担，还可以促进自身的蓬勃发展。

探寻创新，从全球经验到中国模式。今年的《管理瞭望》在传递和呈现世界各地管理创新思想与实践的同时，反映了研究者与实践者对中国模式、中国特色管理范式的探索。中国特色管理范式的形成，既需要中国企业家的积极探索和创造性实践，也需要研究者对中国经验的解读与升华。这是双方在实现中国式现代化进程中的共同使命。

中国企业的管理经历了引入与启蒙、学习与模仿的阶段，现在进入了一个创新与突破越来越重要的阶段。《清华管理评论》愿与中国企业同行，传播最前沿的管理思想，讲述中国管理创新的故事，共同助推中国式现代化的实现，向世界输出中国特色的管理智慧。管理创新，永无止境！

《清华管理评论》编辑部

目 录

有意义的管理：以幸福和意义为核心的中国特色管理范式 —— 1
陈劲 魏巍

中国企业在向创新领袖和世界一流企业的目标迈进过程中，除了破解关键核心技术、形成未来技术和未来产业外，探索管理范式的变革也势在必行。"有意义的管理"，是在吸收西方管理学体系和范式，有效地借鉴日本学者在知识管理中的精髓，吸收中国哲学的整体观、统筹观和中华文化的仁爱观的基础上，对管理理论的一次创新性的转化。"有意义的管理"从东方视角融入整体观和系统观，聚焦个人福祉和社会福祉，成为新时代以人民为中心、以"幸福"和"意义"为核心的中国特色的全新管理范式，为全球管理范式的转型提供了更有意义的探索和实践。

价值圈层：数字时代的新空间和新战略 —— 17
童文锋 史轩亚 杜义飞

进入VUCA时代，企业价值创造与获取需要新的理论进行阐释。我们提出"联动价值"的概念，以强调价值的创造不仅来自产品的基本属性或功能，而且来自广泛的联接和频繁的互动。这种联接和互动在第四次工业革命的背景下已经完全可以低成本地实现。人与人、人与物、物与物都能够轻松联接互动，突破时空和地域限制，介入价值创造的多个环节。此时，多维度共存、情景叠加的价值圈层取代了独立分割的线性流程，供应商、企业、消费者、互补者甚至竞争者等传统价值生产角色需要被赋予新的理解。

进化：数字化风口浪尖上的人力资源管理 ———————————— 33
王雪莉 邬雨坷

数字化的浪潮席卷全球，越来越多的产业卷入其中，新的岗位涌现，旧的岗位消亡或者重塑。分工事务化、越来越多的灵活工作者出现，这些变化都要求人力资源管理同步进化，重新将自己定位成市场秩序的维护者，革新管理方式和手段。只有如此，才能引领组织在风口浪尖上继续前行。

人工智能企业的风控框架 ———————————————— 51
鲍勇剑 涂威威 袁文龙

如果我们看到人机共处的必然性，希望获得人机共处的正面效益，那我们就必须同时关注人机共处的系统风险。利用人机共处效益的合适方式就是同时提升识别和控制风险的能力。本文从战略、结构、运营和文化四个方面综合分析潜在的风险并提出应对方法。

遇见未来：组织进化与人才管理的指路针 ———————— 73
李宁 潘静洲

未来组织及人才管理的指路针是组织协同双元模式，其耦合性可以将员工的各类互动行为数据可视化与数字化，进而为组织形态变革提供准确方向，为核心人才盘点与评价提供客观依据。利用和挖掘组织内行为大数据将成为企业一种新的关键资源和核心竞争力。

企业家的伟大实践：伦理价值与社会福祉的实现 ————— 87
陈宏辉

企业管理者应该"在商言商，尽力为股东赚取更多的利润"，这种管理理念似乎无可指摘。但真正有意义的企业管理是在管理过程之中赋予其伦理价值和社会福祉的属性。企业管理的伦理价值属性体现在"以人为中心"开展管理工作，社会福祉的属性体现在通过管理工作使得企业成长与社会进步同频共振。中外一些伟大企业家的管理实践表明，上述判断虽然是很多理想主义情结的凝结，却是伟大的管理与平庸的管理区别之所在。

科创领导者的破局密码 —————————— 105
卫田　朱涵文

当前时代，科创已然成为不可逆转的潮流趋势，科学与领导力，看似孤立的两个领域因此有了深层的内在联系。科创领导者在创业的过程中，要关注身份认同的转变，将协作、沟通与学习作为抓手，促进能力培养，实现转变与破局，最终真正迈向商业成功和实现个人成就。

给予：在践行SDGs进程中实现茁壮成长 —————— 119
金珺　刘炬

面对当下全球性新挑战和新竞争格局，我国企业如何抓住百年未有之大变局？如何通过实现SDGs来促进自身蓬勃发展和可持续发展？同时，企业如何为我国助力联合国实现SDGs添砖加瓦？这些都是亟须我国企业解决的问题。

企业知识生态系统的培育与持续演进 ————————— 137
王钦

面对外部环境不确定性的增强，面对技术经济范式的大变革，企业为了实现持续成长，需要解决企业知识时效性这个关键问题。为解决这一问题，需要重新认识企业的边界，培育企业知识生态系统，并使其持续演进。

数智时代的绩效管理：现实和未来 —————————— 147
董毓格　龙立荣　程芷汀

数智技术使绩效管理变得更加敏捷、透明、可量化，但它缺乏人类独有的情感、创造力和伦理道德。数智时代的绩效管理将何去何从，是人工智能取代人类，还是人类依旧占据主导，抑或人机共生？宜采取"人机协同"的思想，将两者优势互补，构建高效柔性的绩效管理新模式。

让数字化战略"软着陆"——数字化项目集群管理 —————— 163
吴晓松　马旭飞　黄伟　江俊毅

从战略管理的角度来看，造成企业数字化转型失败的主要原因是数字化战略的硬着陆——忽视数字化战略与数字化运营之间必不可少的长期实施环节。运用项目集群管理的方法，可以很好地实现企业数字化转型战略的"软着陆"。

精一战略：在动荡的环境中"韧性增长" ———————————— 177
曹仰锋

面对未来高度不确定的发展环境，越来越多的企业感受到了增长的压力，如何在不确定的环境中寻找增长点是高层管理者当下面临的巨大挑战。精一战略ONE模型揭示了企业在不确定环境中获得韧性增长的基本原则。

赤子心峥嵘路：张謇精神对中国式管理现代化的启示 ————— 197
张志鑫　郑晓明

张謇是"爱国企业家的典范""民营企业家的先贤和楷模"。作为中国科举史上最后一位状元，张謇深受儒家"以天下为己任"思想的影响，主张实业救国、教育兴国、文化自信，开办了大生纱厂，在义与利、公与私、家与国之间重塑商业伦理。张謇实业之举对于当下如何将企业管理实践与中华优秀传统文化相结合，探索中国式管理现代化发展模式具有借鉴意义。

有意义的管理：以幸福和意义为核心的中国特色管理范式

陈劲 魏巍

中国企业在向创新领袖和世界一流企业的目标迈进过程中，除了破解关键核心技术、形成未来技术和未来产业外，探索管理范式的变革也势在必行。"有意义的管理"，是在吸收西方管理学体系和范式，有效地借鉴日本学者在知识管理中的精髓，吸收中国哲学的整体观、统筹观和中华文化的仁爱观的基础上，对管理理论的一次创新性的转化。"有意义的管理"从东方视角融入整体观和系统观，聚焦个人福祉和社会福祉，成为新时代以人民为中心、以"幸福"和"意义"为核心的中国特色的全新管理范式，为全球管理范式的转型提供了更有意义的探索和实践。

管理，究其思想、理论与方法，是人类文明的重要产物。以泰勒为代表的效率、运营为核心的现代管理为工业经济时代的组织发展带来生机和活力，至今仍发挥着巨大的效能。然而，知识经济时代的到来，数字经济的叠加，尤其后疫情时代很多中国优秀企业的创新性实践，倒逼管理学理论的创新性发展。例如：海尔的"链群合约"通过组织形态变革调动介于计划和市场之间的力量，实现人的价值最大化；中铁装备的"三个转变"+"同心圆"的质量管理模式实现了大国重器的温情管理；方太的"中西合璧，以道驭术"的成人成事长期主义管理哲学指导下的"幸福实践"；中国中车以人民为中心的使命驱动以硬科技为基础的自主创新和以人为本的人与工程和谐共处之道等。这些管理实践与以效率为导向的强调理性与规范的科学管理、以关注人的动机与需求的行为管理或关注知识，与创新的知识管理有很大的不同。不同，引导了一种新的管理范式的更迭，即更关注人的价值、意义的感知和幸福的追寻。我们将这种新探索定义为"有意义的管理"。

"有意义的管理"理论内核

古往今来，对"意义"的定义很复杂。亚里士多德认为"幸福是生命本身的意图和意义，是人类存在的目标和终点"。柏拉图关于"美好"的理论和爱默生"完整内心"的理论都是一种意义。同样地，孔子的"修身、齐家、治国、平天下"也是一种意义，"修身"就是"齐家、治国、平天下"的核心，也是现代幸福科学的基本假设——要帮助别人先得学会完善自己。

弗兰克尔如是描述人的本质："人性异于禽兽者的主要动机是追求生活的意义，即探求意义意志。动物寻求的是快乐和征服，而人的本质则是追求人生的意义和价值。作为一个人，最根本的一点就是对自己在生活中的责任要有明确的认识和坚定的信心。"因此，帮助员工找到人生的意义感，找到生活中的责任认知和坚定的信心也是企业管理者的使命和意义所在。一个人内心的满足感与其情感、欲望和思想有关，外在环境对人只起间接调节的作用，这就是为什么相同的外在环境或外部事件对两个不同的人会产生不同的影响。如果劳动者了解自身工作如何造福他人，不管通过多么简单的方式，即使最平凡的工作，对他们来说也具有意义和价值。

习近平总书记强调"必须坚持以人民为中心的发展思想""把人民对美好生活的向往作为奋斗目标，依靠人民创造历史伟业"。以人民为中心是"有意义的管理"所遵循的重要理论基础。这种有意义的管理不仅要关注员工的幸福感、成就感、获得感，使其感受到工作和生活的意义，也要重塑企业的意义感，关注企业的社会责任和商业伦理；更要形成社会福祉——使每位公民皆能享受公平和无忧的生活。让每位公民都能充分享有作为人的尊严和幸福，是文明社会发展历程中的坐标和里程碑，更是小康社会实现后实现现代化的新要求。

"有意义的管理"理论框架

基于对中外企业闪耀人性光辉的管理实践的长期观察，本文提出"有意义的管理"理论框架，它主要由信念愿景、人性尊严、创新创造、个人福祉和社会福祉五个方面构成（见图1）。

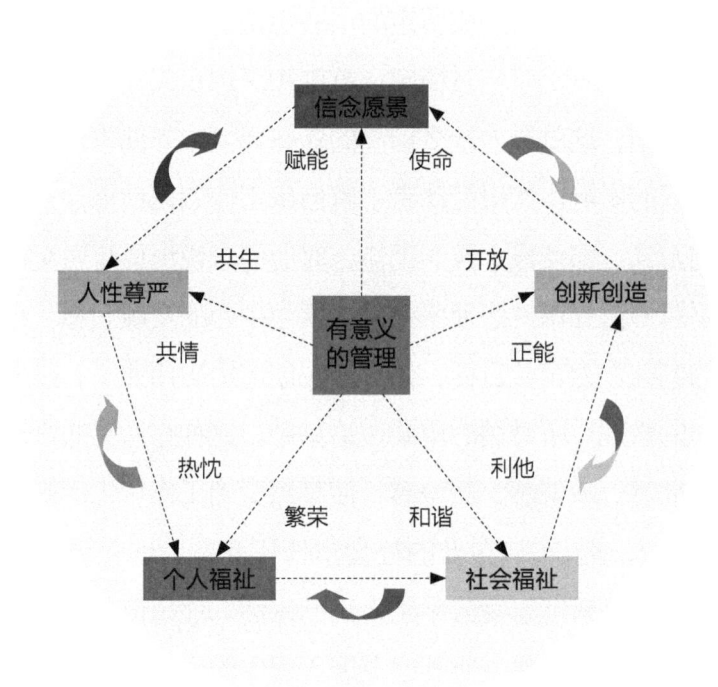

图1 "有意义的管理"理论框架

第一，信念愿景。信念是产生意义感的前提。信念管理是在公司目标和组织背景下，管理层的信念与员工对自身工作和事业的信念相互交流碰撞，通过这种"创造性对话"，找到对公司和员工来说都有意义的业务目标。愿景是企业的航向，组织愿景的作用是使组织的所有部门拥有同一目标并产生激励作用。企业管理实践中，"有意义的管理"就是在愿景和使命的引领下，赋能个体的同时有效赋能整个组织。

第二，人性尊严。在企业管理过程中融入同理心，消除组织内部的隔阂，给予员工足够的尊重和支持，塑造组织中的心理安全感。谦卑式领导和共情领导力帮助员工找到人生的意义感，找到生活中的责任认知和坚定的信心，进而产生追寻幸福的动力。合作、共享、开放的组织环境让员工感受到组织为个人的赋能，工作为生命的赋能。

第三，创新创造。知识经济时代，企业是知识创造和知识转化的重要场所。"场"作为知识转移的重要空间，是发生辩证对话和实践的有机结构场。在有意义的创新范式下，构建基于意义的企业决策框架并系统论述框架中各空间场域的特征与意义，探索以价值理性为核心的意义管理认知基础，是企业管理创新意义的关键。

第四，个人福祉。well-being直译就是一种好的存在状态，本文将其翻译为"个人福祉"，究其根本是一种幸福感，来源于对有意义快乐的不断探寻和追求。幸福是人一生的目标，幸福是人们一直想着要得到、却越难得到的感受，它与情感福祉和生活评价息息相关。在企业管理过程中，以员工的福祉为导向的管理实践和组织原则就是有意义管理的精髓所在。

第五，社会福祉。社会福祉是社会需要通过制度设计和政策安排来保证人们的生活幸福，要求人们在社会层面上来考虑和解决如何才能过上更好生活的问题。具体到企业，企业要以利他为原则，打造正能企业、利他经济，塑造正能社会，提升整个社会的幸福感和社会福祉，建设和谐的福祉社会。

福祉与繁荣重塑工作意义

世界上大多数人的幸福都特别简单：平安生活，再加上一点舒适与尊严。随着人们生活水准的提升，生活越是优越，人们的不满足感就会越强烈，进而重新思考工作和生活的意义所在。通常所说的"happiness"侧重于感觉上的幸福；"well-being"更侧重于福祉、殷盛、蓬勃发展的幸福；而"flourish life"指自我人生的蓬勃绽放、丰盈繁荣。

福祉和well-being

"福"字在甲骨文里的意思为两手捧酒坛把酒浇在祭台上。"祉"字是形声字，"示"指祖先神，"止"即"之"，意为"到来"，汉代许慎在《说文解字》里将其解释为："祉，福也。"《左传·哀公九年》里有"祉，禄也"之记载。"福祉"释义为幸福、利益、福利。这一概念最早出现在《诗经·小雅·六月》之中，即"吉甫燕喜，既多受祉"。

西方文化中的"well-being"泛指一种好的存在状态，指对某人而言具有内在价值的东西，其实是一种幸福感，来源于持续不断地对有意义快乐的探寻和追求。"well-being"就是"对幸福之追求""为了更好地生存"，这就更需要"积极的扶助"，通过同理心和换位思考来主动实施援助。以此实践框架融入不同文化中，不仅是人类区别其他动物的特征，也是人性光辉的重要体现。

繁荣（Flourish）——持续的幸福

幸福是积极心理学研究的重要问题。幸福不仅是目的，还是一种持续的战斗力。以幸福为武器，我们可以获得更多、更久、更真实的幸福和更蓬勃绽放的人生。美国的心理学家马丁·塞利格曼（Martin E.P. Seligman）在《持续的幸福》中把幸福元素增加为5个（PERMA）——积极情绪（Positive Emotion）、投入（Engagement）、积极的人际关系（Relationship）、意义（Meaning）、成就（Accomplishment）。这5个元素让生命更加丰盈而充满意义感（见表1）。积极的情绪是幸福的基石，也是幸福1.0理论中的第一个元素，积极的情绪是幸福感和生活满意度，从整个理论的目标降低为包含在积极情绪里的一个因子。投入主要是沉浸在任务中的积极情绪体验，如心流（Flow）指的是完全沉浸在一项吸引人的活动中忘记时间、忘记空间甚至意识消失的状态。意义指归属于和致力于某样你认为超越自我的东西，不是单纯的主观感受。成就往往是一项终极追求，哪怕不带来任何积极情绪、意义和关系，其短暂的形式就是成就，长期的形式就是成就人生。追求成就人生的人们，经常会完全投入他们的工作中,并在胜利时感受到积极情绪。积极的人际关系即与他人互动的过程中的体验。这或许是提升幸福感最可靠的方法。积极的人际关系对幸福的深刻正面影响,以及这种关系欠缺带来的负面影响都是无可否认的。

表1 福祉和繁荣的对比

对比项	福址	繁荣
主题	幸福1.0	幸福2.0
量度	积极的情绪、投入、意义	积极的情绪、投入、意义,积极的人际关系、成就
附加特征	特征生活满意的感觉	自尊、乐观、复原力、活力、自主、积极关系
目标	提升生活满意度	人生丰盈蓬勃

人们如果不能相互扶助,那么无论置身于何等环境,其生存都是困难的。正是由于构建了互助社会,人类才适应了陆地上的所有生存环境。人的社会性,需要人类与他人共同结成社会,依靠相互扶助来经营生活。这种福祉实践的历史变迁,以及作为结果而确立的社会制度——社会福祉,是人类重要的智慧结晶之一。

信念与愿景打造企业意义

一条和生、德冈晃一郎和野中郁次郎在《信念:冲突低迷状态,实现业绩跃迁》中强调:"无论如何都想要实现某件事的信念,将不可能变成可能,并实现创新。这正是人类的本质。而信念管理就是扎根于人类本质的管理。"人们正是因为怀揣信念,在交流过程中才能说出有价值的内容,才能积极地表达;正是因为怀揣信念,为了使其升华,令人奋进的内在动力才会涌现。可见信念和愿景是企业有意义管理的前提和战略使命。

信念塑造意义

"信念"是工作意义感产生的前提,在工作中注入自己内心深处的信念,怀揣责任和信念,与同伴建立信赖关系,共享暗默知识,专注于富有创造性的工作,才能获得工作原本的乐趣。"信念管理"其实是一种"创造性对话"——在公司场景中管理层与员工对自身工作和事业的信念相互交流碰撞。

信念管理给员工带来巨大的价值。

第一,交流和思考的价值。"信念管理"的过程是追求"主观意识的交流碰撞"的过程,通过辩证地交流思想,获得满意的解答,提升自己的信念,吸收他人的信念,扩展我们的思维和信念。这种"信念"基于个人的梦想和希望,历经打磨,是不断突破和锐意创新的源泉,更是将我们对社会性问题、世界性课题的思考和愿景不断对外扩散的根基。

第二,工作乐趣和自我实现。当员工逐渐认识到"他人成就自我",即他人是促使自己不断发展的动力,就会听取他人的信念,再将之融入个人信念当中,共同创造。员工只有恢复了个人主体性,才能去思考自己与他人建立什么样的创造性关系,进而衍生出有创造性的组织活动,对公司提出的愿景产生共鸣。

第三，信念管理带来的幸福感。人们相信自身固有的创造性，并为了给组织、公司、社会做出最大的贡献而拼搏进取，形成"高质量的自我实现"。企业的使命就是为员工创造激发创新的工作环境和工作氛围，设置具有挑战性的工作任务，帮助人们解放本身就具有的创造性，进而感受到幸福。

愿景引领意义

组织愿景是组织对未来发展方向的一种期望、预测和定位。在《追求卓越》一书中，汤姆·彼得斯（Tom Peters）与罗伯特·沃特曼（Robert H. Waterman）强调，"一个伟大的组织能够长期生存下来，最主要的条件并非结构或管理技能，而是我们称之为'信念的精神力量'。"组织愿景作为组织发展的指引方针，大多具有前瞻性的战略计划或开创性的目标，还包括参与者内心的抱负，反映的是他们的乐观主义精神和期望。愿景中的激励、鼓舞成分更多，可以使组织的全体员工及时、有效地通晓组织愿景赋予的使命和责任，使组织在管理活动的循环过程中不断地增强自身解决问题的力度和强度。

数字时代的创新创造提升信息意义

信息意义

创新是人类发展的永恒动力，是人类特有的思维方式和实践能力，是社会变迁的源泉。创新是驱动人类文明和经济社会可持续发展的主要动力，随着信息化时代的到来和计算机技术的发展，科技创新占据着越来越重要的地位。

信息就是有意义的内容。世界上尚存一些没有被利用的信息：一类是存在人类内部，人类拥有但尚未利用的信息；另一类是存在于人类外部，没有被利用的信息。信息技术可以将这些没有被利用的隐性知识转化为显性知识，让人们的生活变得更加方便和舒适，这也是信息的意义。在新一轮科技革命背景下，在以人工智能、物联网、大数据为代表的新一代颠覆性技术所驱动的产业革命中存在很多本来拥有意义却没有被接受和解读的信息，加剧了市场失灵带来的资源错配的影响，从而催生了众多"没有意义"的技术改进。

有意义的创新——意义框架下的创新范式

有意义的创新（MI）通过"意义空间"，对价值意义的关注体现了有意义的创新设计，体现了创新过程中对使用者高层次需求的满足。社会意义代表了有意义的创新过程对社会需求的回应，包含了诸如企业创新对环境的保护、对资源的节约、对积极社会价值的倡导等内容，是创新主体对即将转化为商业价值的社会中期发展的判断。战略意义代表了企业创新活动对国家战略需求的支持，这一部分创新意义在短期内或许无法被社会及市场识别，但其对国家发展与国际竞争力提升具有中长期的关键作用，也可为企业带来潜在的竞争优势。未来意义是企业主动预见与塑造的未来，代表了创新活动的长远价值，考虑的是尚未被识别的商业价值、社会需求、国家战略需求与人类未来发展的需要等长期价值。

有意义的创新是企业通过统筹与重组各类要素来对内部意义与外部意义进行综合表达的动态过程。企业对创新意义的主动关注有利于其可持续竞争优势的塑造，有助其"从关注短期利益的束缚中解脱出来，转向聚焦中长期收益和外部社会福利，实现具有引领社会进步和人类发展意义的伟大创新实践"。

在人性尊严管理中探寻意义

麦格雷戈认为"企业这一组织系统，是因为鼓励人的行为才存在的。这一系统的输入、输出和由输入转化为输出的过程，都是靠人与人的关系和人的行为来决定的"。因此，管理过程中对员工尊严的维护是闪耀人性光辉的实践。企业应该以"仁爱"之心，激发员工热爱企业，把自己的命运与企业的生存发展紧密结合，形成企业强大的凝聚力。

维护尊严，体验幸福！

尊严根植于全球精神和宗教传统，是建立在自我反思、自我认同、自我发展之上的。尊严是人类与生俱来的、固有的、无条件的、普世的需求，作为每个人的基本权利，与个体的发展息息相关。首先，尊严对个体的发展起着重要的作用，维护和实现个体尊严是人类发展应有之义和显著标志。其次，尊严作为社会每一个个体普遍具有的价值禀赋，无法用金钱来度量，但具有同质性，人们都应当享有人格尊严并受到同等的尊重，不因人种、民族、性别、宗教等的不同或社会地位的高低而有所差异。同时，尊严是人类通过行为获取的建立自我价值和自尊的能力，通过尊严的获得，个体的自我价值和自尊也将最大化实现。

管理实践中尊严用来解释自尊、自治、有意义的工作。将人的能力发展、人的荣誉与权利置于更关键的地位，让员工在工作场所场景中找到归属感、地位、尊严，让每一个个体在有意义的工作中体会到幸福，是企业的终极目标。

人性的回归

人是社会经济活动的主体，一切经济行为都是由人做出的。中国的管理一直很重视人的地位和作用，"以人为本"的思想产生了深远的影响。人力资源的创造性和可持续利用性是世界上任何一种物质资源都无法比拟和替代的。当代企业管理应当注重人的回归，以人为中心开展管理活动，应该将人的发展放到第一位，开发人力资源，促进企业的整体发展。只有调动职工的积极性，开发他们的智力，发挥他们的聪明才智和创造力，企业才能够提高生产率。

在知识经济时代，无论什么样的人才都有一种充实自我、迎接挑战、跟上时代发展步伐的欲望。企业应把培育人、不断提高员工的整体素质作为经常性的任务。实现人的自由而全面的发展，是人类社会进步的标志，更是社会发展的最高目标。

社会福祉让世界充满爱

福祉学的终极目标就是创造幸福美满的理想社会。要实现福祉社会，首先需要通过企业传递大爱，让世界变得更好，让社会变得更和谐，让人与人之间充满真诚和爱意。

面向未来的利他经济

王阳明曾说做人的最高境界就是"利他"，真正的利他，反而是最大的利己。利己，自古就被认为是人与生俱来的本性，归根结底，是源自生存的需要。利己是经济发展的动力，只有劳动分工才能提高劳动生产率，从而促进整个经济社会的发展，劳动分工促成了人与人相互依存的社会。只有全人类通力协作，增加资本积累，才能把经济这个"大饼"做得更大，物质水平才能显著提高。"自利则生，利他则久"，在利己的基础上，具备利他之心，才能获得真正的幸福。正如美国思想家爱默生所说："人生最美丽的补偿之一，就是人们真诚地帮助别人之后，同时也帮助了自己。"封闭、利己的经济正在发生转变，未来的经济一定是"分享、透明、担当"利他主义的经济，企业的生存与发展之道也是一样的。

社会福祉与福祉社会

社会福祉译自英语social welfare。welfare即旨在促进有需要的人的基本身体和物质福利的法定程序或社会努力，社会福祉就是通过法定程序或者社会努力来达到社会群体安康幸福。中国将其译为"社会福利"——国家依法为所有公民普遍提供旨在保证一定生活水平和尽可能提高生活质量的资金和服务的社会保险制度。社会福利是一种服务政策和服务措施，目的在于提高广大社会成员的物质和精神生活水平，使之获得更好的生活。社会福利也是一种职责，是在社会保障的基础上保护和延续有机生命体的一种社会功能。

社会福祉是实现福祉社会的过程，以社会民众需求为导向力图增进人民福祉，改善生活目标，解决人类社会所存在的各类民生问题，促进人们潜能的释放，保障与增加人民的权益。随着时代的进步与社会的发展，现代社会福祉的基本理念与宗旨已演变为：维护每位社会成员的生存、自由、自立的权利，按照每位公民的需求与选择来提供社会福祉服务，使每个人在家庭及所生活的区域内都能享有尊严、有质量的生活。习近平总书记强调"改革创新社会体制、促进公平正义，增进人民福祉"。高度发达的福祉社会，不仅满足人民的需要，使每个公民都能充分享有作为人的尊严和幸福感，也是文明社会发展历程的坐标和里程碑，更是小康社会实现后的又一新的征程。

结论与展望

习近平总书记在党的十九大报告中强调，"必须坚持以人民为中心的的行业可以管中窥豹。这些分析员不仅包括那些传统的跟踪汽车行业的分析员，也包括跟踪AI、数字平台、大数据等高科技行业的企业（如苹果、亚马逊、微软等）的分析员。从传统视角来看，这是不可理解的，因为高度专业化的分析员总是聚焦在某个固定行业。特斯拉是一家汽车公司，还是AI/大数据公司，抑或其他类型的公司？汽车公司和AI/大数据公司的价值决定因素显然是不同的。

"价值"思考的演化历程

哈佛商学院教授迈克尔·波特（Michael E. Porter）是战略管理的奠基人之一，在20世纪70年代末开创性地提出了五力模型和价值链的概念（见图3）。这些概念的核心在于一个垂直的产业链。企业通过与上游供应商讨价还价后购入原材料和零部件，然后进行一系列的基本生产活动和支持活动做成产品，提升附加值，然后交付给下游的客户。在这个模型里，企业的边界很清晰，企业与上游、下游之间是一个线性的、竞争的关系，也因此形成了明确的产业界限。在供给相对缺乏但机械化大力提升了生产力的时代背景下，五力模型和价值链基于大机器生产的思考，阐述了存在于企业内部的价值。

价值圈层：数字时代的新空间和新战略

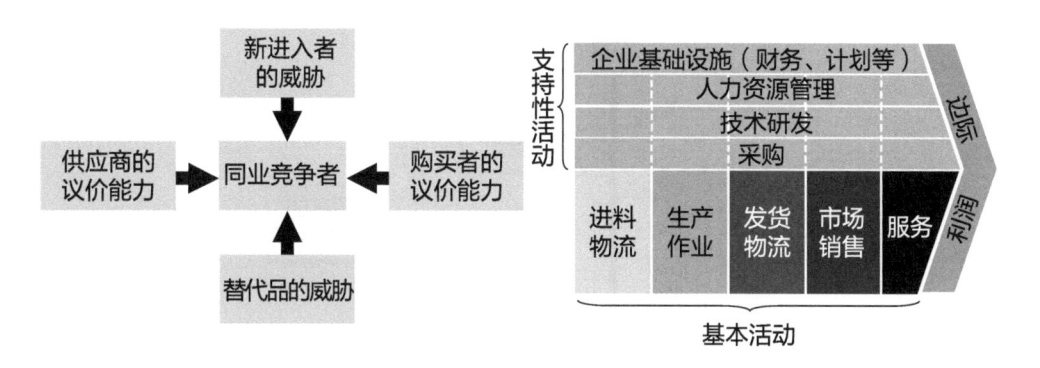

图3 五力模型与价值链模型

　　进入20世纪80年代和90年代，产业上中下游企业联合生产，相互关系变得更加紧密。此时，价值转移到了更广阔的生产端，存在于从供应商到企业直至客户的多个流通环节中，产品成为价值的载体。哈佛商学院教授布兰登勃格（Adam M. Brandenburger）与其同事斯图尔特（Harborne W. Stuart）由此推出了价值棒（Value Stick）模型（见图4）。同五力模型一样，价值棒是一个线性模型，区别在于后者强调价值是由供应商、企业和顾客共同创造的。所创造出来的价值一分为二，供应商获取部分价值，企业和顾客获取另外一部分价值。后者以价格为基础，再一分为二，由企业和顾客分享。不同于价值链关注企业内部的价值获取，价值棒模型将视角扩展至不同的市场主体之间，强调企业与外部主体的价值交易关系。

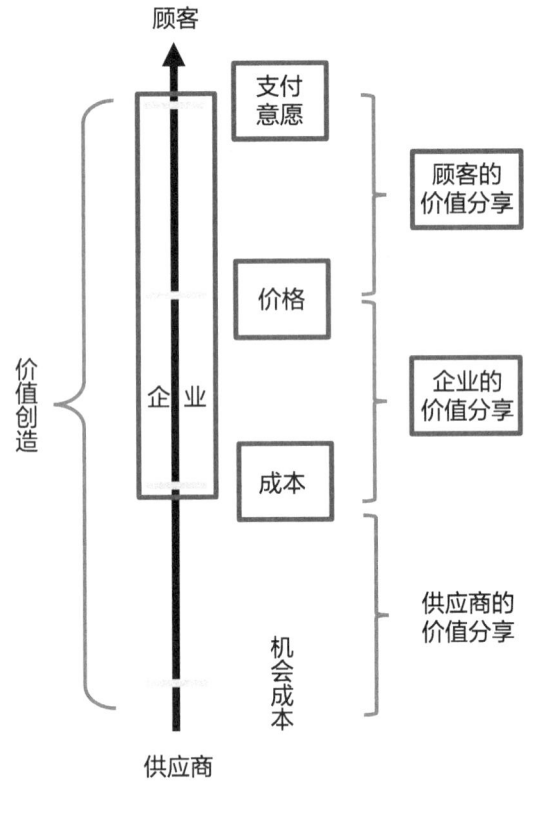

图4　价值棒模型

随着互联网时代的到来，信息技术和全球化浪潮促使产业链不断细分，企业上下游可以遍布全球。许多专注单一部件生产的企业因此兴起，成为其他企业的互补者。为此，布兰登勃格教授联合耶鲁大学的加里·纳尔波夫（Gary Nalebuff）教授提出价值网（Value Net）模型（见图5）。相较于五力模型，该模型拓展了供应商、企业、消费者和竞争者等传统角色间单一连接的关系,把互补者这一新角色纳入价值体系中。互补者通过提供互补性产品,提高消费者的购买意愿。例如,电脑硬件企业(如IBM)与软件企业(如微软)互为补充,共同打造了庞大的电脑市场,提高了消费者的支付意愿,创造了共赢的局面。互补者并不直接处于生产链条的上游或下游,其存在为价值模型提供了新的维度,各参与主体得以被纳入一张"平面"之上。

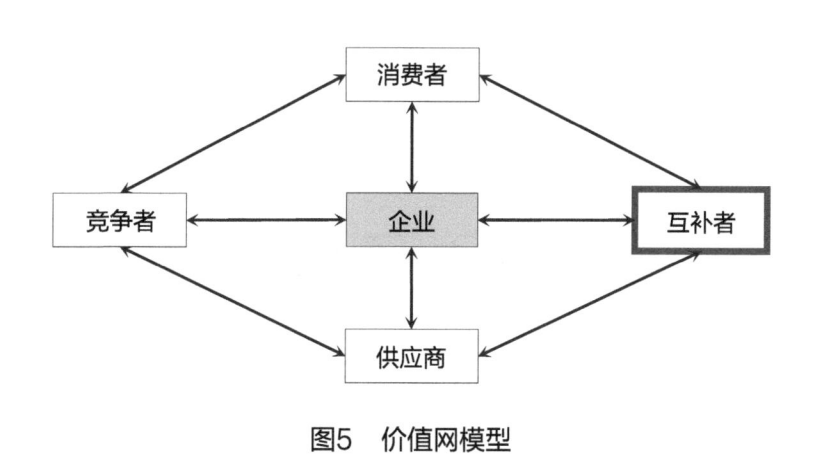

图5 价值网模型

综上,在大机器生产时代,价值几乎完全被商品自身功能、基本属性所承载。传统战略假定行业边界定位清晰(五力模型),企业边界分明。企业可以围绕从研发、设计、生产投入营销、售后服务的"价值链",创造价值然后获取价值(价值棒)。在互联网时代,互补者加入生态,参与创造价值和分享价值(价值网)。近年来,需求和消费端愈发重要,

《蓝海战略》的作者，INSEAD商学院教授W. 钱·金（W. Chan Kim）和勒妮·莫博涅（Renee Mauborgne）采用价值曲线（Value Curve）来刻画企业提供的产品与服务为购买者带来的效用高低。至此，基于西方工业革命与信息革命的企业实践，价值理论实现了从点（价值链）到线（价值棒）再到面（价值网）的全面优化，完成了从企业内部到供应端，再到需求端的闭环。

基于上述讨论，我们想要说明的是，价值及其决定因素，乃至战略管理本身，都是时代和科技的产物。因此，在今天的数字时代，价值理论亦需要突破新的维度。

时代与技术驱动价值前沿扩张

接下来，我们用一张图和一个实例，阐述价值链、价值网以及关于价值战略的新的想法和框架。在图6中，我们建立一个二维坐标系，横坐标表示产品实现成本，纵坐标代表消费者支付意愿。价值前沿标识出基于某个时代和技术背景下，能以最低成本来实现产品并获得消费者最高支付意愿的企业。接下来，我们聚焦计算机及其延伸出来的移动设备，并通过实际案例进行解释说明。

在个人计算机刚刚出现的20世纪80年代，IBM与Urban life等公司共同主导行业。IBM高强度的研发投入和市场营销保证了其消费者的高支付意愿，并通过不断优化产业链上下游，降低成本，提升公司利润。IBM等公司共同组成了图6中最下层的价值前沿，企业内部依据价值链优化生产成本，外部根据价值棒改善支付意愿与供应成本，最终提升价值。简言之，企业以价值链、价值棒方式创造和获取价值。

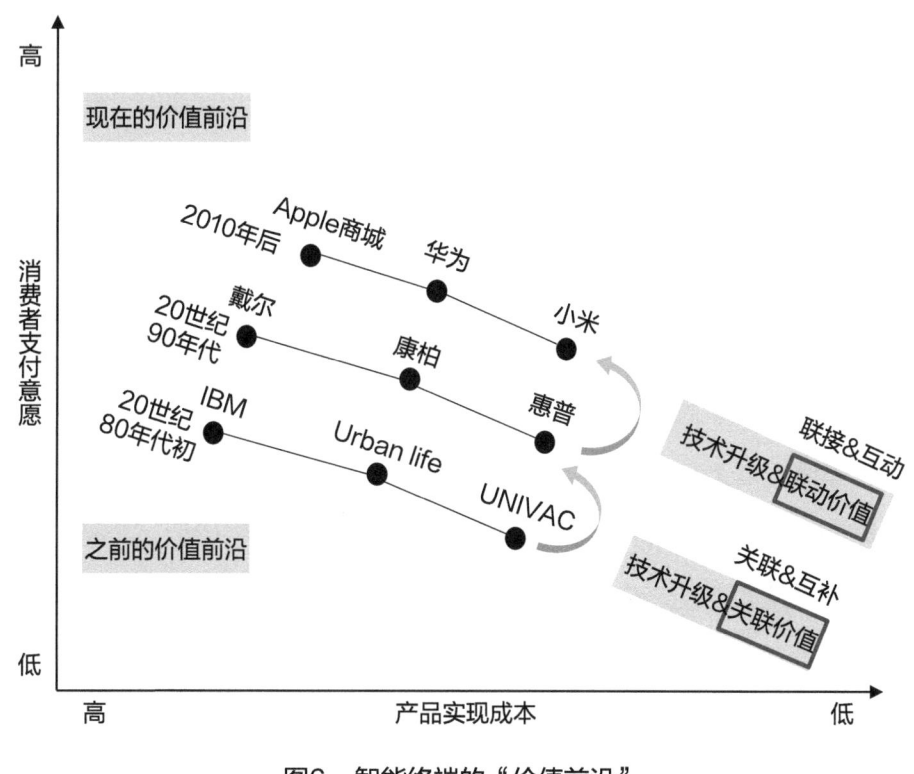

图6　智能终端的"价值前沿"

进入20世纪90年代，计算机行业持续火爆，更多企业投身其中。企业生产分工愈加精细，模块化生产模式兴起。操作系统、芯片等领域分别出现了Microsoft和Intel等公司，电脑生产和销售领域则被惠普、戴尔等企业抢占。以戴尔公司的兴起为例，为了满足消费者的个性化需求，戴尔与客户直接建立联系，并提供定制化的方案和技术。在戴尔的主导下，消费者、供应商、互补者、企业共同组成相互联系的网络。通信技术的发展，企业合作范围极大扩展，关联互补者以更加高效的方式满足消费者差异化需求。惠普、戴尔等企业共同构成了图6中的第二条价值前沿。电脑行业价值前沿从价值链、价值棒的模式，跃迁至价值网模式。

此时，价值前沿的跃迁源于技术与生产关系的变化。技术上需要实现"技术升级"，在生产关系上是"关联"和"互补"。然而，不管是价值棒模型，还是价值网模型，它们所涵盖的主客体角色较为固定。价值棒中的供应商、企业、顾客各自属于价值链条上的不同环节，任务分明。价值网中主体间的联系更加多样，组织间的价值边界得以扩充，但模型中的企业、竞争者、互补者等角色分工明确。这些思想仍然将价值"禁锢"于产品的基本属性和功能之中。

随着第四次工业革命的到来，云计算、大数据和人工智能快速发展，行业边界已然不再那么清晰，企业及生态参与者摆脱了固化的角色，企业家和创业者来到一个VUCA的世界。此时，智能移动终端的普及让个人成为网络中相互连接的节点，信息能够实时共享、频繁交互，极大地打破了原有单个个体或组织的角色界限，消费者、生产者、供应商、互补者之间产生了更快速、更复杂的连接与交互。华为、苹果、小米以意想不到的方式成为新主角。它们认识到价值的新空间，并成功打开这个空间。在这个空间里，价值逃脱了产品基本属性或功能的"牢笼"，渗透至消费者、生产者、供应商、互补者甚至竞争者之间。

苹果、华为、小米等新生代企业的爆发，使产品宽度扩展至智能手机、平板、手表等穿戴设备及相互关联的生态产品，诞生了如苹果的App Store和线下体验店、华为的华为商城和"花粉"俱乐部、小米的小米商城和"米粉"贴吧等新的价值承载方式。在这些业务中，企业更为注重建立和维系一个包容性的系统，旨在与其他相关者广泛联接、持续互动。这些企业构成图6中最顶层的价值前沿，技术升级为这些企业带来"联接"和"互动"的生产关系。此时，顾客不再局限于消费端，他们还可以成为生产端的"主角"，参与设计、宣传等工作。例如，小米MIUI系统便是诞生于"米粉"们的互动交流中。这种形态冲破了价值网模型下"自我为主体，他者皆客体"的思维模式，消费端与生产端弯曲相连，形成一个个价值圈层。

价值联动战略：价值圈层

基于上述对比分析，我们提出"联动价值"这个概念，以强调价值的创造不仅来自产品的基本属性或功能，而且来自广泛的联接和频繁的互动。这种联接和互动在第四次工业革命的背景下已经完全可以低成本实现。人与人、人与物、物与物都能够轻松联接互动，突破时空和地域限制，介入价值创造的多个环节。此时，由于多维度共存、情景叠加的价值圈层取代了独立分割的线性流程，供应商、企业、消费者、互补者甚至竞争者等传统价值生产角色需要被赋予新的理解。

这时，企业由发布命令者或者控制者向指挥家角色转变。例如，苹果虽然拥有控制权与决定权，但并不会告诉开发者需要制作什么样的App，而是赋予开发者足够多的市场激励，提供资源赋能，开发者可以根据市场需求自由发挥。苹果正如交响乐队的指挥家一样，把握好整体节奏，所有参与者的表演都相得益彰。参与者还能扮演更为丰富与多元的角色，成为价值联动者。例如，小米发烧友可以成为供应商，为生态链企业提供设计思路；小米生态链中的充电宝或智能家居等互补者，不仅作为供应端满足相应消费者的需求，同时也可以成为消费端，向小米和生态系统的其他参与者提出需求。某个参与者不一定拘泥于固定的角色与功能，而是可以自发地开展价值活动。这样一来，指挥家与联动者的价值联动过程就使得线性的价值创造活动首尾相接，形成了"价值圈层"（见图7）。在价值圈层中，价值棒的两端可以联接、互动，成为非线性的圈；价值网中的固定角色获得解放并成为活跃的联动者，如此持续交互促使圈层放大，形成多个圈层。这些圈层由内向外可以划分为"基本价值圈层"、"核心价值圈层"与"联动价值圈层"三种类型，我们将以一家B2B企业为例进行说明。

价值圈层：数字时代的新空间和新战略

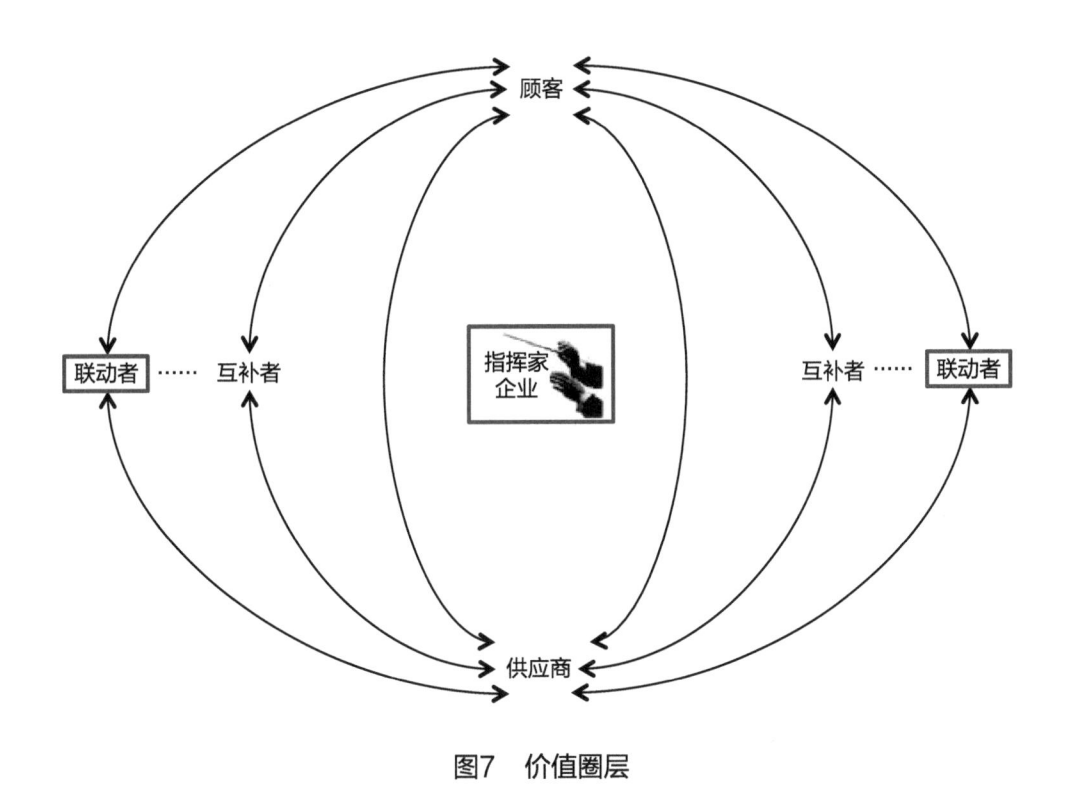

图7 价值圈层

积微物联是一家大宗商品产业链服务公司，自2013年7月成立至今快速发展，成为中国最具影响力的大宗商品产业平台之一，年商品交易总额超千亿元。由消费者、企业与供应商组成的基本价值圈层，尽可能多地让消费者和供应商参与进来。在积微物联构建的这个圈层中，结算、运输、仓储、加工等大宗商品流通功能成为最基本的功能，B端制造商（消费者）、积微物联（指挥家）、钢铁钒钛生产企业（供应商）共同组成了基本价值圈层。在中间的核心价值圈层中，企业打磨自身标签，互补者参

29

与构建核心板块，提升运作效率与客户黏着度。在积微物联的核心价值圈层中，平台属性建立，向外延伸寻求合作。2015年，积微物联发力线上加线下模式，形成达海物流园与积微电商双平台，联合相关互补者共同组成积微物联的核心圈层。达海物流园是积微物联的线下实体，积微物联对外开放大宗商品流量，吸引了大量加工企业及第三方运力入驻园区，成为得天独厚的互补者。积微电商作为线上载体，将更广泛的大宗商品持有主体及金融机构等互补者纳入其中，极大增强了平台流量。在最外侧的联动价值圈层中，互补者、消费者、供应商角色不再固定，它们既可以是原料供应商，如积微物联成立积微循环业务，让各方闲置材料得以重新进入流通循环；也可以是提供专业商品指数的互补者，如积微物联通过大数据、区块链等技术综合平台参与主体贡献的商品交易数据，为整个产业生态提供专业的大宗商品指数；还可以是共同服务于潜在价值释放的联动者，积微物联极大地开放自身平台流量，吸引阿里云、平安银行、昆明铁路局、浙大网新、华为公司等生态成员共同推出钢铁大脑、供应链金融、公铁水联营、智慧园区、工业5G等前瞻性项目。这些生态成员作为联动者，角色更加灵活，功能可塑性极强，甚至可以构建新角色或承担多个功能，不断扩展价值新空间。

总体而言，价值联动战略不再像传统价值战略那样线性地决定价值，某种程度上这种新战略更像是旋涡一般，基于最内侧圈层的产品的基本功能，中间圈层的核心板块，在指挥家与联动者的共同作用下持续创造外侧圈层，不断释放出新的价值。

价值圈层与价值棒、价值网

现在，我们把价值圈层与价值棒和价值网进行对比。首先，价值棒战略要求价值的产生有明确方向，即供应商提供原材料，企业整合生产，最终将产品输送至消费者，各个参与者一环接一环。这些企业的目标都很明确，根据自身对市场需求的理解，组织生产与销售。但是，价值联动过程表明价值的创造不一定有固定的起点与终点，供应商、互补者、企业与消费者甚至竞争者会联动参与。客户可以提出需求成为价值释放的起点，其他节点也可能自主联动相关主体发起价值释放。

其次，价值网要求企业作为价值释放和创造的中心，企业将各个参与者相互分隔屏蔽，管理重点在于流程优化，安排客户、供应商与互补者按照既定标准运作。然而，每个商业主体都有自身的评判视角，这代表着更多新价值存在的可能性。价值圈层里共存着多组价值联动行为，价值释放和创造的参与者不是一开始就给定的，而是在互动过程中逐渐明晰，任何联动者都可能成为某次新价值释放的中心。价值联动的"共性"要求指挥家与众多联动者交织在一起，共同创造和释放新价值。

最后，不同价值战略在参照系和企业边界的思维方式上存在显著差异。在价值棒模型下，供应商和用户职能角色固定，企业内部和外部环境关系清晰，企业的主要职能局限于采购、生产与销售。在价值网模型下，企业（自我）和他者可以相互影响，互补者和竞争者使得内外部相互关联，企业的主要职能新增加了关联和互补。在价值圈层模型下，企业（自我）和他者可以相互影响甚至互为转换，指挥家和联动者使得内部与外部相互融合，企业的主要职能新增了联接、互动与赋能。

结　语

最后，我们再回到"特斯拉"们的估值问题。市场对大众等传统车企的估值聚焦生产端，是基于价值链与价值网的思路，而"特斯拉"们的估值打通了生产端与消费端，生产与消费首尾相连，不再固定。这是"特斯拉"们的估值需要以价值圈层与联动战略来进行理解的原因。能否承接乃至利用VUCA能量，才是其真正的价值衡量标准。

根据价值圈层的核心思想，在数字时代下，企业不应该逃避VUCA，而应主动拥抱VUCA。从价值棒到价值网是价值边界的突破，而从价值网到价值圈层则是价值参照系的跃升。在价值网中，不可能让别人始终向自己看齐，也就不可能有太多的发起者，而在价值圈层中就有可能。在价值圈层里，不一定要别人完全向我看齐，而是鼓励参与的每一个主体都要有一定的自主性。只要他的想法有价值、值得释放，大家就可以向他看齐。指挥家与联动者的互换，主动性的释放，就是参照系的变化，就是企业承接、拥抱、转化数字时代下VUCA的原力的关键所在。

进化：数字化风口浪尖上的人力资源管理

王雪莉 邬雨坷

数字化的浪潮席卷全球，越来越多的产业卷入其中，新的岗位涌现，旧的岗位消亡或者重塑。分工事务化、越来越多的灵活工作者出现，这些变化都要求人力资源管理同步进化，重新将自己定位成市场秩序的维护者，革新管理方式和手段。只有如此，才能引领组织在风口浪尖上继续前行。

互联网、物联网、云计算、大数据、人工智能等技术飞速发展，越来越深地嵌入全球产业链，对全球的产业产生深刻影响。很多新型数字产业应运而生，它们建立在新兴的数字技术之上，如各类ICT产业。数字技术也被广泛应用到原有产业中，从而改变这些产业的作业方式。正如江小涓所说："数字经济不是未来，数字经济已来。"

数字技术同样给组织带来很多变化，许多组织的生产和服务方式逐渐数字化，以事务为分工模块。同时，工作者与组织的关系也发生了变化，更多的工作者是在组织之外的灵活就业者。

在数字经济中，工作、人、组织等都发生变化，为人力资源管理带来巨大的挑战、提出新的管理要求。但机遇与挑战共存，数字技术的发展也为人力资源管理提供许多更有效的工具。人力资源管理数字化能够积极正向地影响企业的运营性、关系性和变革性的绩效。人力资源管理的数字化是大势所趋，是为了其与数字化生产、服务进行适配，是为了组织在数字经济时代存活下来必须进行的战略调整。接下来，本文逐一分析这些变化。

数字经济给工作（职业/岗位）带来的变化

如上所述，数字经济的发展不仅改变了人们的生活方式，也极大地影响着不同产业的发展轨迹，因此这必将导致产品类型和服务内容、产品生产与服务提供方式相应地发生变化，这也直接导致社会和不同组织发展与运行所需要的职业、岗位和工作方式的变化。

从整个人力资源市场来看，一些新职业随着数字经济的发展应运而生，并变得炙手可热。人力资源和社会保障部会同国家市场监督管理总局、国家统计局，在2020年和2021年向社会正式发布的新职业分别是16个和18个。在2020年发布的新职业中，智能制造工程技术人员、工业互联网工程技术人员、虚拟现实工程技术人员、供应链管理师、网约配送员、人工智能训练师、全媒体运营师、无人机装调检修工等职业都与数字经济的发展息息相关。在2021年发布的新职业中，服务机器人应用技术员、电子数据取证分析师、智能硬件装调员等与数字经济发展密切关联的职业赫然在列。

数字经济已经使一些重复性、低技术含量的体力劳动被取代。在服务业中，无人值守超市、自助点餐餐厅已经出现，而在工业生产中，数控机床、各类工业机器人早已应用在生产中。随着数字经济的深入发展，AI的应用将更加广泛，那些一般性的、规则性的智力劳动也会被替代。这也带来了组织内岗位的结构性变化，一些岗位会消失，一些新岗位会出现。

对于那些依然存在的岗位，其工作内容和工作方式也在发生变化。第一，岗位与岗位之间的边界会日渐模糊，传统基于岗位职责的分工模式会逐步被基于任务（事务）模块的分工模式取代。乐高化（Legolization）的任务（事务）组合为组织内外客户提供各种产品和服务。在网龙公司，以事务为中心的管理成为公司运行的基础模式。网龙对于事务的定义是：事务是服务于目标的，是为了完成目标而产生的行为；某个组织的"事务"是组织所需要的，是有助于组织目标达成的、正确的、有意义的事务；一个清晰的事务要符合SMART原则。某个员工被组织赋予的岗位/职务/角色是通过事务来描述的，员工的绩效、薪酬、晋升也是通过事务的价值/难度/完成质量等来定义的，与其在公司多久、工时多长、学历背景等无关。岗位和部门都是事务的组合，是多个事务组成了套餐后的名称，是为了帮助员工更好地理解、管理事务而存在的，本质上无须存在，未来也许会逐渐被取消。

第二，基础性共性工作（事务）与定制化个性工作（事务）之间的区隔会更加明晰，基于开源与共享的分工哲学与平台思维将从组织外延伸到组织内。VUCA（Volatility易变性、Uncertainty不确定性、Complexity复杂性、Ambiguity模糊性）的外部经营环境和日趋复杂多样的客户需求需要组织保持敏捷反应的灵活性，而通过共享基础性共性事务以提升效率、降低成本的策略则保持了组织运营的精益性。因此，"各为所为，精我善为"会成为不同类型组织不约而同的选择，这也是在不同行业的实践中可以看到采取强大的"中后台+众多灵活多样的小前台"模式的基本原因。无论是已为大家所熟悉和面对终端消费者的生活服务行业，还是面对组织客户的工业品或者系统制造行业，包括大型企业集团的管控模式创新，都有很多例证。在共享的组织中后台的支持和服务基础上，为不同客户提供定制化产品或者服务的前台就聚焦于保持对环境和客户变化的高度敏感性，与时俱进，敏捷反应。数字经济会使这种模式为更多类型的组织采用，因为数字化应用大大加快了强大中后台实现的步伐。

组织与人的关系变化

正是因为数字经济使工作分配和组合方式发生变化，人与组织的关系也相应地发生变化。从正式的关系形式来说，劳动合同、劳务合同、外包协议、合作协议等形式可能共存。为组织实现目标的人，既可能是来自组织内部的员工（组织人），或者是组织各种形式合作伙伴的员工（也是组织人），也可能是来自组织外部的个体（独立人）。以网龙为例，在他们看来，员工与网龙之间被"事务"而非"劳动合同"串联。员工可以遍布全球，全球更多人才以灵活的方式加入网龙，员工只要能够完成组织事务（事务有明确的结构化的需求、验收标准等；事务颗粒也有大有小）即可，因此不受地理位置限制，可能实现全球范围的"事务外包"；员工与组织是"利益/伙伴关系"，而非传统的"雇佣关系"，人才可以提出自我发展需求（组织也应该主动建立"需求收集池"，积极回收需求），而组织鼓励个人追求卓越，因为个人获得发展，组织也受益；员工与组织签署的是"合作协议"，而非"雇佣协议（劳动合同）"，员工可以创业，建立自己的公司，再以"合作"的方式承担网龙的事务。当然，在这样的理念下，网龙认为员工可以将组织看成一个"平台"或者"社区"，为员工个人提供各类资源，如技术、工具、培训机会、行业交流、人脉等。

个体可以与组织基于具体工作（事务）建立合作关系，这在过去也有。但在非数字经济时代，无论是可外包工作（事务）的类型和数量，可选择合作方的数量、质量，还是合作与交易关系的各种信用保证，包括交付相关任务（事务）的方式方法都很受限。因此，其效率和效果并不能达到组织的目标。在数字经济时代，上述问题都得到了很好的解决，其应用范围越来越广，已经从传统的、以支撑服务类和特殊事项的外包，逐步发展到组织核心价值链的关键环节的外包。这时，独立人其实就是"独立知本家"（Independent Knowledge Capitalist），资源、知识、技能、经验和完成任务的能力等构成了其知识资本，独立知本家通过与组织的合作获得收益。从近二十年前海尔就开始推行的海尔SBU（战略业务单元）——每个员工都是一个公司的变革，到近两年宝岛眼镜的7000名员工就是7000个KOC（关键意见消费者）的策略，虽然提出的背景和面临的挑战不尽相同，但都有业务重心下沉，每个人都有业务前台的意识。那么，再进一步，这些任务是否必须由企业"员工"来完成呢？管理实践的发展已然告诉了我们答案，这些个人SBU或者KOC的任务（事务），也可能通过与组织外的其他个体建立合作协议来完成。人力资源市场上，越来越多的人愿意成为独立知本家，成为各种任务（事务）的承接人或者完成者。这种主动灵活就业者人数的增加是数字经济时代非常显著的一个特点。

主动灵活就业者的增加是两种力量作用的结果：一种力量是上述人与组织关系变化带来的可以交给独立人完成的任务（事务）从范围到数量都有快速的增长，越来越多更"高价"的任务（事务）交由企业外部的人来完成，旺盛的需求自然使能够完成相关任务（事务）的劳动者有了更多的安全感；另一种力量则来自劳动者的成长需求和能力组合的变化。根据《德勤全球千禧一代和Z世代调查》，Z世代认为多元化/包容性及弹性工作机制是让他们感到满意的关键。Wonolo 2021年发布的数据显示，许多Z世代被临时工作所吸引，因为这是能让他们专注于其他创业努力和个人爱好的灵活工作方式。当下组织内按部就班的岗位序列设计和职业发展路径已经远远不能满足这些需要，许多管理者也觉得当下的员工"才艺很多，感兴趣的东西多，会的东西多"。斜杠青年成为社会热词并非偶然，其实并非说以前的员工没有多样兴趣或者技能，但是多数会很主动地划分主次，并自觉地将"主"作为职业，其他都是"兴趣爱好"。但当下更多人会将各种才能和兴趣并行发展，并愿意成为斜杠青年。这不仅是掌握主动性，获得尝试多种机会的一种手段，也是保持事业新鲜感和生活趣味的一种态度。因为数字技术具有远程化、虚拟化和灵活性等特征，其发展让各种兴趣转化为职业成为可能，比如直播的兴起、短视频的火爆，让越来越多的工作者愿意在主业之余去展示自己的才华和兴趣爱好，发展副业，甚至最后辞掉工作成为独立工作者。

在上述人与组织关系发生变化的情况下，组织的人力资源管理工作势必也要发生变化。数字经济时代，组织能力建设不仅决定着可以做成多大的事，还关系着是否能够吸引最优秀的合作伙伴（人或组织）。而与不同的人（无论是组织人还是独立人）的合作契约是否"划算"，就需要对与各种形式的人力资源建立契约后的成本、收益和风险进行具体的分析与规划，这必然要求组织的人力资源管理在重心、范围和方法手段上进行调整。

人力资源管理的变化

数字经济时代，组织的人力资源管理的新方法和新手段不断涌现，接下来本文先介绍组织的用人模型变化和人力资源管理的角色定位，讨论人力资源管理的对象、重点和方式方法变化的现实和趋势。

用人模型变化和人力资源管理的角色定位

基于前文对人与组织关系发生的众多变化的介绍，加之相关法律法规的导向作用，当下，许多企业在用人模型上从"以培养哲学为主的承诺雇佣模型"转向"以采购哲学为主的交易雇佣模型"。这种变化的发生不仅在企业组织中能够看到，而且在其他类型的组织中也能看到。采购哲学下的用人模型需要明晰目标采购岗位（任务或者事务）的内容边界、质量要求以及对于承接人的胜任要求，包括相关的成本价值核算。这些成为人力资源管理的新基础工作。与原来传统的定岗定编的不同之处还包括基于任务（事务）的工作内容描述，与其他任务（事务）的可能组合方案，此外，完成标准、必备技能（能力、经验、资质等）、价值衡量成为新的任务（事务）说明书的主要内容。

在采购哲学下，人力资源管理工作者不仅需要快速响应组织战略的变化，将相关工作拆分成相应的任务（事务），还要善于通过创造更多的任务（事务）组合的方案来获得更多新的发展方向，创造更多的价值。除此之外，在实现"人得其事，事得其人，人尽其才，事尽其功"的目标中，人力资源管理要真正发挥人与事进行匹配的市场秩序维护者的角色，即建立简单、透明、易懂的为交易双方接受的规则，维护相关规则的执行，使人力资源市场运行公平高效。从这个角色定位来重新思考和设计组织的人力资源管理工作，会发现我们所要管理的对象、关注的重点和采用的方法手段都有所不同，许多"出圈"的打法都可能有应用的场景了。

例如，零工经济中的人力资源管理活动旨在通过调整三个关键零工经济行为者——零工工人、客户/消费者和中介平台公司的多边交换来管理平台生态系统（见图1），以确保价值的共同创造。人力资源管理活动在零工经济中的实施取决于这些零工经济参与者的参与和活动。这意味着他们不仅是人力资源管理的接受者,而且还积极参与人力资源管理活动的执行,并为之所需。

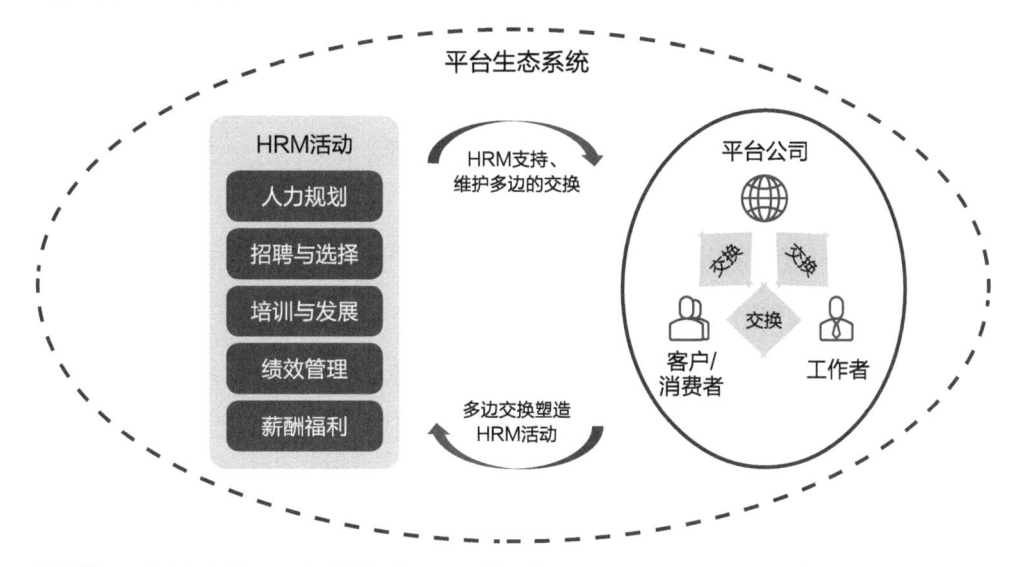

图1 数字平台经济中的人力资源管理(HRM)

资料来源:Meijerink J., Keegan A. (2019). Conceptualizing human resource management in the gig economy: Toward a platform ecosystem perspective. Journal of Managerial Psychology, 34(4)

人力资源管理对象的变化

从人力资源管理的对象来看,其范围从组织内的员工扩展到包含组织外部的各种为组织完成任务(事务)的合作者。这里既包括这些年成为热点话题的非典型雇佣模式下的劳务工、派遣工、承包人,也包括独立知本家。管理的对象不仅包括人类员工,也包括数字员工(AI员工)。例如,AI面试官LINA,被世界上几百家公司用于第一轮面试,其中包括联合利华、高盛、希尔顿等公司。LINA可以通过面部表情、发言句长、微笑角度等五十万个数据点对面试者打分，把通常的招聘时间缩短90%。崔筱盼是万科首位数字化员工，被评为"2021年度优秀员工"。在系统算法的加持下，她以远高于人类千百倍的效率进行应收/逾期提醒及工作异常侦测，其催办的预付应收逾期单据核销率达到91.44%。百信银行首位数字虚拟员工艾雅（AIYA），出任百信银行"AI虚拟品牌官"，进行直播、拍广告、宣传公司和产品等活动。

获得"年度优秀员工"称号的崔筱盼、代表面试考官的LINA、百信银行的艾雅，反映出越来越多的组织在使用数字员工，数字员工也在各种类型的工作岗位上发挥着自己的价值。在网龙，每一职级都有相应的AI职员，AI高管对应公司副总裁级。这些AI职员有着不同的外形、语音以及和员工的交互方式，当然也有不同的权利和义务。这些AI职员可以完成自动审批（年节省15万次审批）、自动奖惩（每年制定规则百项以上，实施内部奖惩千次以上）、自主晋升（通过AI进行数据的监控和记录，自动匹配岗职能力，及时进行晋升提报）。网龙还为员工配备了AI学习师，定期推送与员工相匹配的学习计划和学习资料，根据学习数据进行分析和效果评估，并通过AI陪练的方式，提供场景模拟，强化个人专业技能。从这些工作看，数字员工已经应用在包括内外部客户基本服务、一般规则性管理决策、制定绩效与晋升新规则并实施、员工培训与发展等多个方面。

管理对象范围的扩大，是数字时代人力资源管理者面临的首个挑战。建立何种契约，不同契约关系下的当事人如何管理，如何发挥数字员工的积极价值但又清醒认识到其局限性，从组织价值和利益相关者体验角度评估数字员工的权责角色……这些问题并无现成的最优解，对许多人力资源管理从业者来说也都是新问题。

人力资源管理重点的变化

因此，人力资源管理的重点，也从传统的"选用育留"延伸到了更多的新领域。

更多元的人力资源供应商管理。如前所述，组织的工作可以由能胜任这项工作的任何人完成，无论其在本组织内还是本组织外，无论他/她是组织人还是独立人，甚至是数字员工。这需要能够成功地吸引真正胜任工作的人承接工作，在组织出现各种新型任务（事务）的时候能及时找到承接人，建立相应的符合合作方式的契约，并保证契约的执行。

更系统的组织能力建设。对于组织能力的系统分析和建设，直接的反映就是能够增强组织在人力资源市场上的吸引力。更重要的是，要理解组织的能力禀赋究竟是什么，这样才能够对组织内的工作组合方式、任务分工与实现方式进行合理规划设计。知晓什么工作需要什么样的人力资源来承接完成，什么环节要建立风险隔离带，才能真正发挥多元人力资源的价值，并预防使用多元人力资源可能引发的风险。

更精准的人力资源成本收益分析。与传统人工成本、人员工效的计量方式不同，在前述的工作分工和人员匹配的模式下，组织更需要建立基于工作模块、任务、项目、事务的计价方式，从而可以更加及时灵活和准确地反映出人力资源的成本收益，衡量人力资源的价值。这与以往实践中的计件工资制形似而神不同。在数字技术应用下，这种多维变动的计价方式可以快速计量和迭代，并提供更直接的决策参考。基于此，甚至可能建立对那些可以内化为组织能力的任务（事务）的类版税式的长效激励，或者转换某种任务（事务）的执行者来源。

人力资源管理方式和手段的变化

不断更迭的技术、变化的人与组织关系、VUCA的环境，都对人力资源管理提出了新的要求。人力资源管理要应对变化，继续为企业创造价值，就必须革新自己的方法和手段，更好地进行工作的精准分配，及时反馈，提高员工的工作体验。数字技术的发展，也为人力资源管理提供许多工具和手段，让人力资源管理者能够有足够的"武器"提升自己。例如，AI技术能够收集大数据并分析数据，为决策提供依据。

IT能力在一定程度上决定了企业的经营业绩，而且它在提高人力资源管理能力方面起着更重要的作用。此外，人力资源管理能力对企业绩效有显著影响，因此，管理者不应该只关注IT投资的资源分配。为了实现更好的业务绩效，这些技术需要被用来支持包括人力资源管理活动在内的所有业务过程。人力资源管理方式和手段的变化有几个特点值得注意。

决策依据。人力资源管理中，定量与定性、客观与主观、及时和滞后等矛盾的权衡与选择，经常体现在招聘、绩效评价、薪酬以及晋升等方面。在数字经济时代，员工工作的过程和结果都不可避免地留下各种各样的电子痕迹和数据痕迹，这使得基于数据的人力资源管理决策具备了实现的可能。以自然而非刻意包装的这些数据作为决策依据，减少了主观评价中固有的一些认知偏见，也克服了时间维度上的回溯局限，效率高、效果好，尤其在员工的公平感知方面，更有积极作用。诸多数据也可以为未来决策和管理动作提供参考，通过数据进行绩效员工的行为画像、发现离职员工的预警指标、决定团队规模和人员配置、判断机构设立必要性、进行管理内部对标等，在今天的企业实践中都可以找到相关的例证。数据虽然不是万能的，也并非全面的，但是在数字经济时代基于数据做出决策成为可能，在符合相关法律法规的基础上发挥数据价值，还是有益于组织管理效能的提升的。

及时反馈。组织的人力资源管理涉及反馈的各类机制，无论是绩效考核、薪酬奖金发放、晋升，还是荣誉授予的精神激励方面，都呈现当期化、短间隔、非固定间隔的趋势和特点。在以任务（事务）作为工作分工基础的情况下，对"任务（事务）"完成的数量、质量和及时性进行考核，考核周期可以是"件""项"，其完成的时间甚至可以用"分钟""小时""天"来计量。近几年，在组织实践中可以看到，薪酬调整的周期逐渐由传统的年度调薪转变为半年调薪甚至每月调薪。晋升更是如此，季度或者半年进行一次晋升申报，或者如前文所述，通过AI管理者对工作质量和完成情况的跟踪来实现自动晋升。也有企业采用游戏中的升级逻辑，积累一定量的低级别任务后，即可实现自动晋升，同时意味着具备了承接更高价值、更高级别的任务（事务）的资格。在荣誉授予方面，不同特色代表不同等级的数字勋章被广泛使用，并赋予了数字空间中不同的权力角色。这些具有及时反馈特点的方法，都能在满足员工成长需求方面发挥作用。当然，如何对周期长的任务（事务）进行及时的认可和反馈，也有组织进行了有益的探索。分润制，强化所有感（Ownership），将执行人与任务（事务）进行更紧密的黏结（标签化 Labelization），这些都将成就感作为认可反馈的主要目标。

可信度（Creditability）的价值凸显。作为要与多元人力资源建立多样化契约关系的组织，自身的可信度是吸引目标最佳人力资源执行相关任务（事务）的基础。通过不断的正强化，成为市场上各类优秀人力资源的目的地，这对组织目标实现来说是关键的第一步。同时，作为组织人力资源市场的秩序维护者，人力资源管理者团队的可信度是其能够顺利履职的前提，否则市场交易双方都不相信规则的公平性和相关动作的规范性。无论是在组织内职场中做"天选打工人"，还是作为人力资源市场上的独立知本家，过往互动经历的信息，决定了其作为任务（事务）承接者的可信度的高低，而这进一步决定了组织内更多的发展机会或者是人力资源市场更多的合作机会甚至更高的定价可能。

数字经济时代，我们应该如何准备

在数字经济时代，无论是应运而生的新行业新模式下的组织，还是面临数字化转型的企业，在人力资源管理方面都要适时而变，以便更好地发挥人、技术、数据要素的协同价值，实现组织的目标。那么，对于处在这个时代中的组织和个体来说，要如何做好准备呢？

组织如何做准备

首先，对于组织来说，技术的更新迭代，尤其相关数据要素的应用，虽然需要一定的时间和财力的投入，但最难的并非上述的资源约束，而是对于新环境下组织禀赋与核心能力的重新思考和规划——哪些应该有所为，哪些应该精我善为，哪些需要通过合作获取，建立怎样的合作关系，如何夯实组织能力而控制风险，如何获得最高质量的人力资源为我所为，等等。这些是对组织重新定位的问题，既需要超出组织边界之外进行筹谋，考虑资源和能力的供给方都在哪里，也就是所说的"格局要大"，也需要立足组织本身实际情况进行严谨的顶层设计，在契约关系和合作模式上设计可实施的方案。这个思考和规划的过程对于组织来说非常关键，不能跳过或者草草了事。除此之外，帮助员工掌握数字技能，应对数字经济时代的工作方式变化也是组织可以做的事情。2019年10月，普华永道宣布，将在四年内投入30亿美元实施"New world. New skills"（新世界新技能）的项目，包括员工培训以及为助力客户和社会发展所进行的技术开发和共享，以实现系统性的数字化技能提升。

其次，数据在人力资源管理中的应用会更加普遍，但组织要对数据采集和使用中的伦理和法律问题高度重视。2021年9月，我国首部系统地对数据安全做出保障的法律——《中华人民共和国数据安全法》施行，要求采集者在法律规定的范围内，以合法、正当的方式收集数据，且对所得数据负安全保护责任。之前媒体报道过一个事例，某企业通过技术手段将写字楼内各层厕所蹲位的占用情况反映出来。如果说是方便使用者及时掌握情况，提高使用效率和体验，这无可非议，但引起争议的是该企业将如厕者的如厕时长公开，如厕时长和后台掌握的如厕者信息一起成为如厕者相关行为评价的依据。这是否合情、合理、合法？站在不同立场，似乎观点也不尽一致。2020年引起更广泛讨论的"被困在系统中的骑手"，反映的同样是数据技术应用到管理中后投射出的背后价值导向的争议。因此，数据是手段，组织的核心价值观决定了其使用的目标和方式方法，从这个意义上讲，组织不能"万能化"数据，更不能迷失在数据中（Lost in Data）。

最后，数字经济时代的各种信息的反馈速度加快，周期缩短，在人力资源管理领域，这些高频反馈（绩效考核、奖惩和晋升等）也容易将人的行为引导到短期目标实现上来，那么如何将组织发展的长期目标（相对而言的长期，其实在现实中，长期目标的时间维度已经从之前的5年缩短到3年，甚至在一些行业，1年就是长期目标的时间了）不变形地分解到短期目标中去？如何在动态变化的外部环境中保持对目标的及时更新和调整？当然很重要的是，哪些目标又是"变中之不变"的？对这些问题的回答，不仅反映组织的目标管理能力，更反映出组织是否"不忘初心、牢记使命"，反映出其真正的价值判断和选择。

个人如何做准备

对于数字经济时代的个体来说，事业规划一定面临着更多的不确定性，但从积极的一面思考，这意味着增加了更多方向的选择。除了自身在数字化技能方面的准备之外，是否与组织建立起某种合作关系？是成为组织人还是独立知本家？如果选择成为组织人，什么样的组织是适合的？如果成为独立知本家，需要在哪些领域不断学习夯实？在采购哲学下，怎样主动成长（Self-made）和塑造核心能力？这些问题也是应该考量的。

结合前面对数字经济时代人与组织关系的分析，本文提出事业规划三维矩阵。作为个体，首先要对自己在事业发展方面的风险偏好进行评估：是趋向于稳定可预期，还是趋向于变化有灵活性。以外派这件事为例，如果客观条件相同的情况下，对其持积极态度的人，会更多考虑其潜在的各种收益、新鲜感和挑战性，而对其持消极态度的人往往认为存在太多的不确定性。

其次要对自己拥有的能力（技能）组合进行判断：自己具备的能力是通用技能（应用领域比较广泛），还是专门技能（应用领域比较细分或者垂直）。自己是否拥有多种水平相当的不同的技能，还是主要以某单一技能为主？对自己的能力组合的画像，也是思考个人禀赋价值的一个过程。

上述3个要素组合在一起，就形成了8种不同的要素组合。具备专门技能还是通用技能，具备多种技能还是单一技能，这决定了你的价值在哪些组织中更能得到认可，也决定了可选择的组织的范围和类型。风险偏好决定你愿意以何种方式与企业产生关系。二者结合，就是人对自己的定位，即事业规划图。图2给出了事业规划的参考建议。

深灰部分为高风险偏好　　浅灰部分为低风险偏好

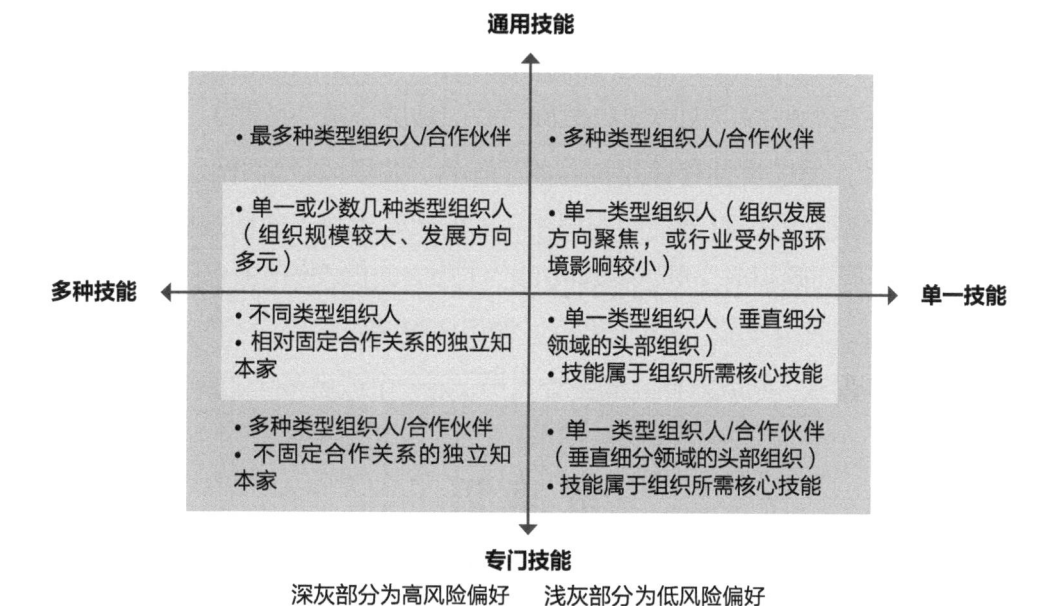

图2　工作者的事业规划

以开展教育培训的企业为例，名师的不同选择恰好反映了3个要素的不同组合。名师拥有专业的技能即教研活动，在当地甚至全国拥有知名度。虽然自己开班是利润最大化的，但是很多名师仍然选择在机构工作。因为机构能够帮助名师处理招生、宣传、财务等琐碎的事情，让名师专注于教研。此外，在机构工作，稳定性较高。这一类名师属于风险偏好低、专门技能、单一技能的工作者。

有的名师具有处理招生、宣传、课后辅导、财务等各项事务的技能（即高风险偏好、专门技能、多种技能）。这类名师往往脱离机构，自己独立招生、授课，成为创业者。还有一部分名师想要有更多的自由时间、灵活的工作空间和安排，但缺乏处理具体业务、事务的能力，所以用更加灵活的方式与机构合作，在工作时间和方式上有更大的话语权，这往往就是独立知本家的选择（即高风险偏好、专门技能、单一技能）。

像会计人员这类拥有通用技能的工作者，如果风险偏好低，会更愿意进入组织，成为组织财务部门的员工（即低风险偏好、通用技能、单一技能）。如果拥有除财务之外的多种技能，工作者可以在组织中身兼数职（即低风险偏好、通用技能、多种技能）。如果风险偏好较高，工作者会更偏好灵活的工作形式，如成为独立的会计人员，与一个或者多个组织合作。

结 束 语

数字化的浪潮席卷全球，越来越多的产业卷入其中，新的岗位涌现，旧的岗位消亡或者重塑。分工事务化，越来越多的灵活工作者出现，这些变化都要求HRM同步进化，重新将自己定位成市场秩序的维护者，革新管理的方式和手段。只有如此，才能引领组织在风口浪尖上继续前行。

人工智能企业的风控框架

鲍勇剑 涂威威 袁文龙

如果我们看到人机共处的必然性,希望获得人机共处的正面效益,那我们就必须同时关注人机共处的系统风险。利用人机共处效益的合适方式就是同时提升识别和控制风险的能力。本文从战略、结构、运营和文化四个方面综合分析潜在的风险并提出应对方法。

风险代表着人们对负面影响事件的概率评估。风险因素也许来自外部力量，也可能由内部薄弱环节引发。风险给企业的存在、运营和发展带来威胁。人机共处的企业中，人工智能作为外部和内部活动的枢纽或中介，也必然成为各类商业风险集中出现的领域。

在《常态事故》（Normal Accidents）中，已故社会学家查尔斯·佩罗（Charles Perrow）极有预见性地指出：在提高生产力的同时，技术创造了一个强关联的系统，它必然制造风险。事故不再是意外事件，而是强关联系统的常态。佩罗的预见在人机共处环境中得到充分体现。

人工智能是一种系统能力，可以解释和学习外部提供的数据，并利用数据学习能力去实现设定的目标，完成规定的任务。在此过程中，它能够通过机器学习的反馈回路，不断灵活调整和适应与外部环境的关系，以至于能够在合适的时空情境下，做出合适的选择。环顾周围，我们知道，人工智能已经深入人类经济活动的各个方面。

根据普华永道会计师事务所的估算，到2030年，人工智能及其应用对全球经济会产生15.7万亿美元（$15.7 trillion USD）的经济影响，大约接近中国2021年的GDP（$17.8 trillion USD）。除了规模，人工智能深入企业活动的程度也从点、线到全系统。以人工智能企业第四范式为例，其应用从增强企业单个功能发展到涵盖产、供、销、研、客服、物流全系统的智慧企业方案。普及的人工智能也制造了一个新型的强关联系统，由此派生的管理风险对许多企业来说还似初识。

因此，建立对人工智能企业风控的全面认知刻不容缓。本文意图提供

人工智能企业的风控框架

一个系统的风控框架，帮助企业识别人机共存现象中的新型风险。

已故科学家霍金（Stephen William Hawking）曾发出警示：人工智能会带来人类生存层次的危机。在哲学上，人工智能确实提出许多宏观科学哲学问题。在技术建模过程中，工程师会遇到各种各样的数据代码问题，引发系统错误。在公共政策方面，人工智能引发大众对社会控制和影响能力的合法性的关注。不过，这些不是本文的重点。人工智能已经被引入企业管理系统，本文侧重讨论它连带产生的企业管理风险。人工智能在企业战略、日常运营、组织结构和企业文化四个方面都会衍生新型风险，将之综合在一起，可组成一个人工智能的企业风控框架（见图1）。

战略风险
治理结构
商业模式
核心价值

1 人工智能的管理风险

2 运营风险
可理解性
可监控性
内置偏见

文化风险
信任文化
协同文化
探索文化

3 结构风险
核心流程设计
人机团队契合
隐性权威控制

图1　人工智能的企业风控框架

公元前3500年，在美索不达米亚的幼发拉底河流域，人们每逢大事就会询问当地巫师能否成事。巫师会评估正向和负面因素，并在泥板上标出比较分析的结果。中国的《易经》也为古代决策者提供未来情境的组合分析。它们可以被视为"人类最早的风险思维和对外部灾害的规避活动"。不过，规避外部灾害和风险管控有区别：前者是被动认识，后者代表人们的主动认知能力。

风险，特别是技术风险，是一个现代概念。风险指的是可能发生的意外或失误的概率，以及对计划的活动带来的损害与冲击。它与早期朴素的避祸意识有差别。避祸是假设灾害来自外部环境因素，人们无法影响和控制，只能选择躲避。风险是一个概率问题，对它的影响，人们可以防范、避免、降低、补偿、恢复。简言之，通过人们有意识的管理活动，风险能够得到控制。

本文建议的风控框架就是识别人工智能的连带风险并加以控制的一套管理步骤。以下，先指出四类风险的问题性质，分析它们的来源，然后提出风控建议。因为人工智能对企业活动的系统改造正在进行，这一框架只能是基于现有情况的总结，需要与时俱进。本文的贡献在于汇聚零散的风险分析为一个系统框架，并为将来的批判和反思提供一个集中的靶向。

战略风险

2018年5月25日，欧盟的《通用数据保护条例》（General Data Protection Regulation，GDPR）正式生效。许多AI公司猝不及防，不得不暂时停止在欧洲的业务。事实上，欧盟在2012年就颁布了规范，并说明了生效时日。如果在欧洲有业务的公司董事会理解它对数据收集和使用的影响，企业是有足够的时间采取技术措施，适应变化的。遗憾的是，许多企业的董事会成员缺乏人工智能知识，无法适时反应。

董事会没有在治理结构层面设计和推行有针对性的政策只是AI战略风险的一个表现。另外两个普遍的表现包括企业高管看不到AI改变商业模式，以及引入人工智能初期可能存在的价值冲突。

例如，美国宾夕法尼亚州的一个地方政府人文服务部与人工智能公司合作开发了"反虐待儿童"软件"AFST"（The Allegheny Family Screening Tool）。通过综合各个部门的信息，这一软件可以对本地儿童是否可能遭受家庭虐待做出风险评估，还能提出有预见性的干预措施。可是，实施时，发现一个重大问题。卫生部门接到紧急求助电话的频率是预防软件的一个重要参数。黑人家庭拨打医疗求助电话的频率一般高于非黑人家庭，尽管对求助电话频率参数做过加权，系统还是给黑人儿童受虐待以更高的风险值。软件推出后，公司和政府机构都受到各界严厉的批判。对这一有明显种族歧视的技术分析后果，董事会无疑是监管缺失、反应迟缓的。

造成董事会成员反应迟缓的一个根本原因是认知代沟。董事一般是事业有成的商业精英，他们的知识结构形成于10~20年之前。对于最近10年兴起的人工智能，董事们缺乏必要的知识准备，存在认知代沟。和大多数管理者的认识类似，董事会成员了解AI能促进流程自动化、生产规模化，能提高生产效率。但是，对AI的全系统影响及外部监管的反应，他们有认知盲点，这直接体现在治理结构的缺陷上。治理结构涉及企业战略中的大关系、长远发展目标和根本规范。董事会成员的认知代沟致使他们忽略人工智能带来的颠覆性变化。

如果企业高管只是关注人工智能对生产效率和规模的正面效果，就可能造成决策短视。初期，改造现有流程的效率，降低成本，这是管理者对新技术的起始诉求。但是，随着技术和应用的演变，高管必须站在商业模式的高度思考，人工智能怎样创造新的价值、新的客户关系和新的竞争能力。从已经发生的实例看，高管需要理解人工智能不仅可以改变怎样做，还能影响做什么的问题。做什么？怎样做？在哪里创造差异化的价值？当人工智能直接触及这些问题时，企业需要重新想象自己的商业模式。

另外，强大的AI技术有可能带来道德风险，并有悖于公司的核心价值观。与过去的技术相比，人工智能更能够刺激和培养特定的消费行为。而消费过度成瘾的时候，它就成为一种对道德伦理的挑战。强大的AI技术还可能在服务特定客户的同时，对制度规则和其他利益相关者造成间接、灰色、滞后性的伤害。

一个典型的企业案例是"脸书"（Facebook）。脸书的后台AI技术

人工智能企业的风控框架

可以识别使用者的兴趣偏好，并加大推送同一类型信息的力度。许多患有厌食症的青少年，因为不断收到推送的同类信息而强化了厌食行为。在美国2016年大选过程中，一家名为"剑桥分析"（Cambridge Analytics）的咨询公司与脸书合作，利用AI技术控制社交媒体中的政治话题信息，影响选民的投票行为。公司的一些员工明确反对利用技术操纵选举的做法。后来，剑桥分析被告上法庭，这些员工成为法庭证人。

在人工智能应用领域，商业实践和公司价值观相违背的现象屡屡出现。原因很多，其中最突出的一个是利用AI实现单一目标，缺乏制约和平衡。当AI被引入企业时，它往往与一个显著的需求相关，如识别和强化某种消费和信息使用习惯。但是，强大的AI技术也会带来负面溢出效应，如操纵政治的能力和制造病态消费习惯。它们与公司和员工的社会价值观发生冲突，最终不仅离散人心，还可能给企业致命一击。剑桥分析这家公司后来以破产告终。

哈贝马斯（Jurgen Habermas）说：真理就在比例中！对于越来越强大的人工智能，把握它的适度性不是一件容易的事情，特别是它关系到主观性极高的价值观。人工智能企业也发现，没有一个通用的妙方能解除AI涉及的道德风险。比较合适的方法就是始终保持关注，始终以反思和反省的态度看待技术的社会影响。为此，设立公司内部的伦理委员会，邀请外部伦理专家做第三方检验，借鉴行业经验和教训，是AI企业现行的风控实践。

另外一个有用的方法是采用"蒙眼品尝"（Blind Taste）的方法。可口可乐和百事可乐曾经有过"蒙眼品尝"的营销方法，把商标拿掉，让消费者直接品尝味道来评估喜好。专家建议，借用同样的逻辑，用不同的训练数据建立人工智能预测模型，包括拨打紧急医疗电话的数据。然后，从模型中抽出特定性质的数据，如紧急医疗电话，看模型是否仍然可以提供有效预测。这个设计能解决模型某个参数造成的自我循环、自证合理的问题。

人工智能的道德风险将始终挑战管理者的认知。就像著名的道德困境——"滑轮车困境"（Trolley Dilemma），是否让滑轮车改道，实则是一个是否可以牺牲少数、救助多数的两难选择。无论是在自动驾驶应用，还是自动化替代人工的管理决策上，人机共处的企业将不断遇到两难选择的道德困境。这要求企业最高决策者从战略的高度正视这种风险，并通过集体反思，做出符合当地具体情况的选择。涉及人工智能的道德风险，人既是问题的制造者，也是答案的唯一来源。图2概括总结了战略风险方面的问题、分析和方案。

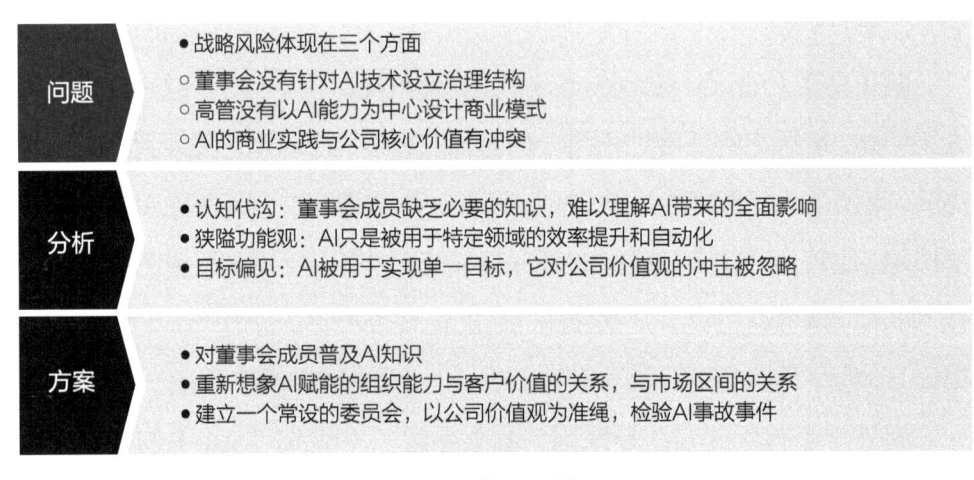

问题	• 战略风险体现在三个方面 ◦ 董事会没有针对AI技术设立治理结构 ◦ 高管没有以AI能力为中心设计商业模式 ◦ AI的商业实践与公司核心价值有冲突
分析	• 认知代沟：董事会成员缺乏必要的知识，难以理解AI带来的全面影响 • 狭隘功能观：AI只是被用于特定领域的效率提升和自动化 • 目标偏见：AI被用于实现单一目标，它对公司价值观的冲击被忽略
方案	• 对董事会成员普及AI知识 • 重新想象AI赋能的组织能力与客户价值的关系，与市场区间的关系 • 建立一个常设的委员会，以公司价值观为准绳，检验AI事故事件

图2 战略风险

运营风险

AI应用在交通工具中已经很普遍了，可是，车主对AI的功能却有截然不同的反应。车主可以接受AI对道路选择的建议，但不太愿意选择AI的自动驾驶功能。研究表明，人工智能时常遇到"真实性"偏见（Authenticity）的挑战。在车主看来，路况建议的AI功能是一种"客观"的真实，可以接受；自动驾驶功能则涉及道德判断的"主观"的真实，一般难以接受。心理学家早就指出人在决策过程中受到多种偏见的影响，如寻求确定的偏见（Confirmation Bias）、感知框架的偏见（Framing Bias）、归因的偏见（Attribution Bias）、锚定偏见（Anchoring Bias）等。对人的认知和决策偏见，管理学已经逐渐摸索出一套对应和适应的方法。但是，对人工智能技术引发的新偏见，如"真实性"偏见，管理学还没有比较好的应对方法。在运营互动过程中，新偏见也连带出新风险。

加利福尼亚州的伯克利曾经发布一份极有行业影响的报告，指出美国金融公司智能算法支持的服务比人工服务收费低40%，但算法对少数族裔申请的房屋按揭收取额外的利息。类似情况在英国和新加坡也出现过。现在，各国对智能算法运用过程中的公正性有鼓励政策，但是，是否执行和怎样执行，还取决于金融公司的实际操作。因为监管者的专业知识水平滞后于人工智能企业，政策只能暂时鼓励自我监管。这增加了企业创新的宽松度，但也带来了事后问责的风险。

自我监管不尽如人意的例子很多。2018年，网络企业亚马逊的人事招聘算法被发现存在性别歧视，自动降低女性申请人入围概率。几年前，苹果公司的信用评级系统也出现对女性消费者的歧视。苹果创始人伍兹尼亚克（Steve Wozniak）的信用额度是他妻子的10倍，尽管他们的财务和账户是完全共享的。这些错误不仅增加了企业运营中的法律风险，也不利于提高运营过程的效率。

运营风险还发生在互动过程中。它包括内外利益相关者之间的互动。首先，它表现在不可理解和难以解释的风险上。员工对人工智能自动给出的建议也许不理解；客户、消费者感到人工智能的反馈也会有失常理，不可理解。其次，它表现在难以举证性上。对人工智能选择决策的后果，系统本身难以事后举证它的合理性和合法性，这种情况在监管部门检查和审计人工智能造成的不良后果时经常出现。

运营风险还表现在内置的偏见上。人工智能的强化学习起始于训练数据。如果训练数据有偏见，人工智能会强化这种偏见。AI模型是工程师建立的，建模工程师自身的认知偏见也容易内置在系统中，最终造成负面效果。内置的偏见与能够使用的训练数据库有关。企业建立AI应用时，往往从内部的少数人成功的行为过程开始。而这些人的成功已经受到诸多社会因素影响，如种族、教育背景、家庭收入、社会关系等。这些隐性变量同时通过训练数据左右AI的强化学习，并成为决策规则的一部分。

互动过程的运营风险源不只是工程师，还有使用者。微软曾经为推特打造一个谈话机器人（Chatbot），但很快就取消并下线。因为，在互动过程中，使用者各种各样的污言秽语和种族歧视言论把谈话机器人带坏了。由此，我们看到，运营风险既可能来自内部，也可能来自外部。

AI系统遭遇监管质询时，难以举证合理性。因为系统变量从千万级到亿万级，很难挑选和分辨出哪一个单独变量导致决策失误和不良后果。特别是监管本身有滞后属性，一般发生在社会不良后果已经形成的时候，这为溯因举证带来困难。例如，蚂蚁金服曾经能够利用阿里生态中的各种数据，自动生成对小微企业的商业贷款决定。这个过程调动超过3,000个数据来源。如果有企业质询阿里算法的合理性，蚂蚁金服很难解释怎样由这3,000个数据来源推导出商业决策。换到一个严监管的环境，如欧盟，这套算法就会立即遭遇监管危机，因为企业有责任解释消费者获得不同服务的依据。算法的难以解释性成为运营风险的一个要素。

导致不可理解性和难以解释性的因素很多。概括起来，主要是下面几个原因：一是机器运作逻辑和人脑思维逻辑不一样；二是人的思维受有限理性和直观情感规则影响；三是人的思考往往是线性推理的，抓大放小、有始有终，而机器可以面面俱到，平行运转，来回往返；四是社会互动过程的复杂动态特征，人工智能不一定能涵盖社会文化中隐性和微妙的变化。

简而言之，人工智能运转过程不需要也不依赖人的理解性，也不一定需要善解人意。对人而言，它是一个黑箱过程。这是AI机器学习强大的原因，但也造成互动过程中的不可理解性和难以解释性。

因为受到监管的倒逼，运营风险是各类风险中首先被重视的。过去，人们认为人工智能运营过程的黑箱是无法避免的技术特征。现在，多种解决方案进入试错阶段。它包括提升运营过程可视化水平，用自然语言解释代码模型和运营过程，帮助监管者和消费者理解AI决策的依据和逻辑。现在已经有允许溯因、文件留档和过程示警的机器学习模型。例如，IBM的开放源平台（Watson OpenScale Platform）已经可以满足决策溯源需求。另外，事先审核训练数据库的隐性偏见、内置识别偏见的变量、培训增强工程师的社会意识等措施也在行业中推广开来。

消除工程师的自身偏见，也可以通过人力资源政策来推行。一些企业积极雇佣少数族裔、女性和新移民工程师，他们的世界观和文化背景为企业多元化增添力量。多元化是对冲单一思维带来偏见的好方法。如软件行业的莱纳斯法则（Linus's Law）所言：有足够丰富的眼球，任何错误都是肤浅的。

在降低运营风险的实践中，法律领域相对比较积极。它与错误后果的严重性和监管的力度有关。法律领域的人工智能对当地具体情况、小数据和厚数据更加敏感。一个预测判断减刑犯人是否重新犯罪的算法不仅涉及个人命运，还关系社区安全。因此，法律领域的人工智能更重视以特征数据为中心，用特别的价值回归模型（Shapely Analysis）来训练机器学习社区动态变量，避免广谱性、通用算法带来的预测错误。

总之，人机共处企业中，运营风险一直会有，但是风险对冲的方法也层出不穷。图3概括了运营风险的问题特征、来源分析和应对方案。

人工智能企业的风控框架

问题	• 运营风险体现在三个方面 ○ 不可理解性：客户和员工无法理解AI给出的建议和预测 ○ 难以举证性：遭遇监管后，公司难以解释AI决策过程 ○ 内置的偏见：训练数据库和参数模型设计有设计偏见
分析	• 机器逻辑和人脑思维逻辑不同，大数据运算的黑箱过程 • 监管要求往往在社会抱怨发生后，难以厘清产生问题的单独变量参数 • 既有的可利用数据库本身的局限性，设计工程师认知的盲点
方案	• 利用可视化和社会语言，由合作工程师解释AI的决策规则和推理逻辑 • 设计能够溯因、留档和示警的机器学习模型 • 建立消除偏见意识的方法和步骤

图3　运营风险

结构风险

组织结构为战略服务。任务性质、决策角色和权威主导组织结构设计。当人工智能进入战略层面后，传统的结构设计就不能满足新的战略要求，这会带来结构性风险。

在《清华管理评论》发表的一篇文章《高维智慧企业的认知协同策略》（2021年第7—8期）中，笔者分析，人工智能化的企业中，任务分工的基本特征发生重大变化：从劳务分工（Division of Labor）演变到认知协同（Cognitive Collaboration）。任务决策出现决定（Decision）、反思（Deliberation）、设计（Design）和探索（Discovery）四种认知活动范畴。在AI支持下，大多数日常活动都可以自动化，可以由机器去"决定"，而其他三类认知活动，则要求不同风格和方式的人机协同。在人工智能的机器这一面，强化机器学习，有监管和无监管的机器学习、神经网络机器学习等工具为人机协同拓展一个广泛的选择区域。但是，受制于自然人的学习能力、有限理性（计算、记忆和感知能力的有限性）和去学习能力（Unlearning Skill），自然人往往自陷于组织遗留下来的结构选择。机器可以同时接受等级制结构、扁平结构或者二者任意程度的组合、变化，而员工有历史性依赖，很难随工作任务的境遇做灵活、共时的切换。当员工必须与机器协同工作时，结构风险便出现了。

人工智能化的企业的结构风险主要体现在三个方面。

第一，AI赋能后，组织的核心流程发生重大变化。它包括：数码化（Digitization）——纸质信息记载方式转换为数码存储和交换；数字化（Digitalization）——工作任务和流程通过互联网、社交媒体和物流网方式执行；数据化（Datafication）——以有质量的数据形式整理企业资产，在高质量数据分析的指引下组织企业资源和能力；数字孪生（Digital Twin）——企业的存在和能力同时具有物理实在形式和虚拟数字形态。以这"4D"为基础，企业重新审视核心业务流程。这个过程中，企业既需要等级结构，又需要扁平结构，而且在特定情境中，两种结构共存，两种结构随情境转换。这样的灵敏组织结构要求超过传统结构的支持能力。实践中，已经AI赋能的核心流程由于得不到对应的组织结构支持，造成重重矛盾。

第二，在可以完全自动化的工作任务环境中，机器主导决策；在涉及复杂人际关系的任务环境中，机器辅导人决策；在政治敏锐性强的任务环境中，人主导决策；在探索性的任务环境中，人引导决策。因此，人工智能化企业既需要员工有不同程度的认知能力，又需要人机认知能力之间的高度协同。在前三次工业革命（机械、电气、信息）中，人与技术都经历了很长的磨合期，这次也不例外，甚至磨合期更长。两种组织能力要耦合为一股，它必然经历上上下下的波折。

第三，AI赋能后，工作任务属性发生变化，工作角色的权威性不同于往常。人工智能技术的显著地位让员工产生被边缘化和工作异化的心理感受，这影响到员工对企业的忠诚度、归属感和工作承诺。

为控制结构风险，人工智能化的企业摸索出一系列方法。首先，企业认识到核心流程与为客户创造价值之间的密切关系。梳理出核心流程，然后实施数码化、数字化、数据化和数字孪生。这四个步骤的每一步都试图将之与人工智能的应用结合。而组织结构设计必须服务于核心流程的人工智能化。建构人工智能赋能的核心流程，人机共处企业要思考下面几个问题。

第一，在人工智能支持下，企业规模不再是竞争优势的来源。规模不是竞争要素后，企业的核心竞争力出现什么变化？

第二，企业与外部供应链上下游之间的协同成为一个竞争热点和弱点。如此，企业管理专长有多少是放在与外部协同能力上？供应链之间因为紧密联动而始终隐含风险，企业有没有识别和应对的管理专长？

第三，假如竞争者可以用人工智能算法快速复制企业的核心流程，企业在成本上的优势和劣势如何？假如有成本优势，它能持续多久？

第四，赋能后的核心流程是否能够为新的客户、新的价值形式服务？

例如，数据分析演变出预测服务、战略情境分析等。

第五，赋能后的核心流程是否为企业带来跨界合作和联盟的机会？例如，本来用于预测性物流的算法能力可以成为与运输企业合作的资本。

除了核心流程结构改造之外，为消除员工对人工智能的恐慌心态和抵触行为，企业要率先从对员工能产生增强效果的工作任务开始，让员工直接感知到人工智能带来的好处。同时，企业应该选择一组相关性高的工作任务和流程，厘清它们之间相关性的性质和方向。然后，利用人工智能，同步提升这一组工作任务的效率。如果只是提升单个功能的效率，只会对有强关联的工作任务产生压力，让其他工作岗位的员工更加焦虑。同时提升一个群组的工作任务流程，能够对各个流程中的员工表现产生正反馈，让整个群组的员工有获得感。图4概括总结了结构风险的问题和解决方案。

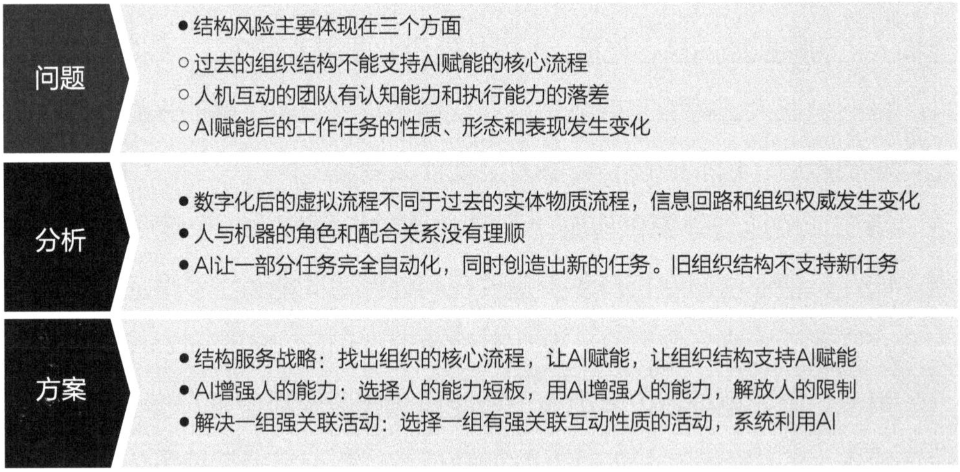

问题	● 结构风险主要体现在三个方面 ○ 过去的组织结构不能支持AI赋能的核心流程 ○ 人机互动的团队有认知能力和执行能力的落差 ○ AI赋能后的工作任务的性质、形态和表现发生变化
分析	● 数字化后的虚拟流程不同于过去的实体物质流程，信息回路和组织权威发生变化 ● 人与机器的角色和配合关系没有理顺 ● AI让一部分任务完全自动化，同时创造出新的任务。旧组织结构不支持新任务
方案	● 结构服务战略：找出组织的核心流程，让AI赋能，让组织结构支持AI赋能 ● AI增强人的能力：选择人的能力短板，用AI增强人的能力，解放人的限制 ● 解决一组强关联活动：选择一组有强关联互动性质的活动，系统利用AI

图4 结构风险

文化风险

在人工智能对企业文化影响的讨论中，一个有误导性的趋势是强调"数字信任"文化，认为包括区块链在内的去中心化数字技术会根本性地改写组织内部和组织之间的信任文化。这是一种不全面的认识。笔者曾经在《区块链改造组织信任》（《清华管理评论》2018年第10期）指出，区块链解决的是不信任问题。而信任与不信任不是一个维度上的两个极端。消除或降低不信任当然会促进信任。但是，影响信任的因素有人们感知到的专业能力、仁慈和友善的品质及相互欣赏的情感。至少，到目前为止，人们还很难在相互欣赏的情感方面建立起与人工智能技术的关系。因此，强调用人工智能建设与客户、消费者和员工之间的信任文化，是不全面的，甚至是一种误导。事实上，但凡涉及道德判断和价值评估，消费者和员工对人工智能都有信任问题。这种文化风险将长期存在。怎样建立人机共处环境中的团队信任是这种文化风险中的突出问题。

另一个文化风险是关于劳动价值和商品价值的。深圳郊区的大芬村是一个全球知名的"画家村"，以模仿外国油画作品知名。几年前，模仿凡·高画了2万幅作品的赵小勇先生终于有机会访问欧洲。站在凡·高原作面前时，赵先生深深感受到原创和复制之间的区别。人工智能指数级提升企业生产的规模化效应，其模仿再生产能力影响消费者对产品价值的心理评估。机器人饭店的饭菜可能保持了大厨原创菜品的色、香、味。可是，消费者的心理感知是一个复杂且微妙的过程。缺少的一种气氛会让机器人饭店给人一种养鸡场投喂的感觉。类似的价值评估也发生在企业员工的心理活动中。在许多领域，工作越来越成为人的第一需要，是人定义组织身份和建立集体心理身份的必要功课。人工智能赋能后，当功课变得极其容易的时候，工作的异化和心理的空虚演变为新的问题。企业是机器的组织，还是人的组织？这涉及文化价值观的风险课题。

第三种文化风险来自探索性和创新性工作任务的模糊性。人工智能容易在效率提升领域率先获得成功，因为效率和成本范畴的因果变量关系容易指认，容易设计自动化流程。而探索和创新工作任务的战略目标往往是模糊的、变化的、难以量化的。探索工作任务的表现更难定性和定量。这带来人工智能化过程中的两极分化现象。创新工作能否实现预先设定的目标还取决于许多偶然因素。这样，人们更加愿意选择能很快显现具体表现的任务。组织的资源也会向成功结果可视性高的任务倾斜。长此以往，这将损害企业的创新文化，影响企业持续发展。

控制文化风险可以从下面几个方面着手。首先，理解信任不仅要有技术支持，更要有人与人之间的友好互动，情感信任和专业能力信任同样重要。人工智能技术在情感信任方面的功效是有限的。为解决人机共处企业环境中的团队信任问题，企业可以从三个方面开始。

第一，建立团队成员之间对彼此能力的信任。认为队员有执行任务的能力，可以依靠他们的专业能力，这是团队信任的基础。因此，要让人工智能普遍地对每个员工赋能，避免机器不平均赋能加剧团队员工的能力差别。

第二，支持团队成员之间积极互助。在战场上，战友可能冒着生命危险救助受困的伙伴。在商场中，队员也许放弃一些自己的工作业绩，成全落后的伙伴。在人工智能的模型中，这些举措会被标识为非理性的行为。但是，正是这样的相关救助强化了团队信任。企业要有机制识别互助行为，并可以置人性决策于人工智能决策之上。

第三，鼓励以团队为建制，使用人工智能工具，培养对人工智能预测功能的使用能力。像任何专业领域一样，团队成员对技术的理解能力是有差别的，个人专业水平有高低。因此，使用人工智能过程中，团员成员的判断水平参差不齐。如果以团队为建制，并肩工作，集体判断，不仅会提升个别队员的判断水平，还能够增强全体成员对人工智能预测功能的信任。

其次，在建立社会信任方面，企业要建立AI为人服务的价值观。企业要利用正式和非正式的方式宣传，让人工智能为良善的社会关系服务。针对人工智能在支持效率活动方面表现突出的特征，企业高管要对探索性、创新性的任务有不同的规划，对任务表现有对应的评估标准，对失败的结果有"庆祝新鲜的失败"的态度。需要强调的是，人工智能技术同样可以为探索创新任务服务，重点是在对结果变量的考核评估上。评估标准改变，照样可以利用人工智能的增强功能。

如何在人机共处企业中推崇信任文化？IBM公司的做法有参考价值。第一，在董事会层面建立人工智能和伦理委员会，向全公司传递一个重要信号：人工智能是战略大事件。第二，对于人工智能的开放和利用，向全体员工发布"信任和透明"指导原则，破除围绕人工智能的迷思，帮助全体员工理解为什么、怎样、何处应用人工智能。第三，坚持与值得信任的外部伙伴合作，从源头防范来自外部合作者的风险。2020年，IBM加入"人工智能伦理的罗马倡议"，积极参与欧盟关于人工智能应用规则的制定，这为企业寻找可靠的合作者提供一个广泛的朋友圈。第四，为人工智能技术建立开源代码做贡献。IBM有一个"公平AI"开源代码工具箱（AI Fairness 360），这个工具箱帮助志同道合的外部合作企业建设一个信任社区。

总之，人机共处企业的文化风险主要与社会信任、组织价值和创新战略有关。人工智能对这三个方面的长期影响不容忽视。图5概括总结了文化风险的问题和解决方案。

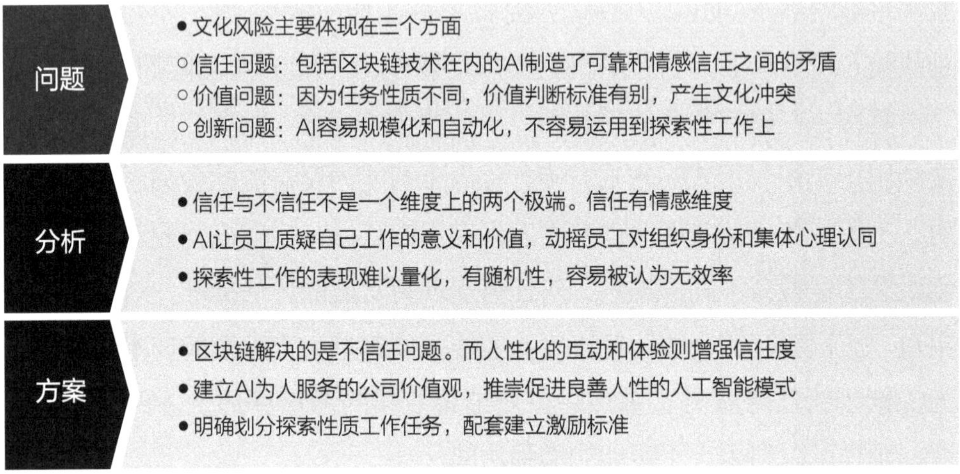

问题
- 文化风险主要体现在三个方面
  - 信任问题：包括区块链技术在内的AI制造了可靠和情感信任之间的矛盾
  - 价值问题：因为任务性质不同，价值判断标准有别，产生文化冲突
  - 创新问题：AI容易规模化和自动化，不容易运用到探索性工作上

分析
- 信任与不信任不是一个维度上的两个极端。信任有情感维度
- AI让员工质疑自己工作的意义和价值，动摇员工对组织身份和集体心理认同
- 探索性工作的表现难以量化，有随机性，容易被认为无效率

方案
- 区块链解决的是不信任问题。而人性化的互动和体验则增强信任度
- 建立AI为人服务的公司价值观，推崇促进良善人性的人工智能模式
- 明确划分探索性质工作任务，配套建立激励标准

图5　文化风险

需要指出的是，上述四类风险不是单独存在的。它们之间有极强的关联性。当一类风险得到妥善控制后，其他三类风险的管理也会更加顺利。四类风险之间的关联性和性质是未来值得研究的课题。人机共处的类型可能有多种形态，不过，企业风控框架的基本维度具有稳定性。管理者可以根据形态的具体特征对风控框架做调整。

人工智能企业的风控框架

结　　论

　　人机共处时代的企业管理有两个令人担忧的现象：一个是对人工智能效益的重视远远高过对风险的关注；另一个是以单独和割裂的态度对待系统风险问题。这两个现象又会反噬技术效益。本文建议用系统和辩证的态度看待人机共处的效益和风险，因为当代社会的枢纽性活动已经从如何生产与分配社会资源的问题转移到如何实施风险管理的问题。

　　已故社会学家乌尔里希（Ulrich Beck）在他的开创性著作《风险社会》中指出，风险的产生、外溢、分布、防范和控制已经成为现代社会的管理纲要，纲举目张。他分析现代社会之前的社会形态有一个共同的特征，即围绕社会资源的生产和分配来组织人类社会。而技术的大发展已经使其从被利用的工具变成改造社会的力量。同时，与经历过亿万年除错过程的自然界不一样，人造技术尚在使用中除错。因此，它必然带来风险。技术力量越大，风险程度越高。这就是我们目前面临的人机共处的世界的核心矛盾。笔者的研究不过是理解和缓解这一核心矛盾的尝试。

　　有一种风险未被包含在上述框架中。它就是可能的极端不确定性，也是经济学家奈特（Frank Knight）所定义的"无知的未知"（The Unknown Unknown）。人工智能是否潜藏对人类的灭绝力量？这个问题属于"无知的未知"，即我们"不知道所不知道"的现象。藏身其后的极端不确定性可能带来灭绝危机。牛津大学"人工智能研究中心"的博斯特伦（Nick

Bostrom）指出，当我们看到极端不确定可能带来灭绝危机时，一切已经太晚，命运将无法改变。有些技术信仰者认为这是耸人听闻，他们相信一切皆可控制。只有读过《百年孤独》，人们才能体会那幻影般不可知的力量能如何扭曲制造光怪陆离的人生。待到能够体会时，改变已经不可能。

《百年孤独》是一部拉丁美洲的魔幻现实主义作品。哥伦比亚作家加西亚·马尔克斯（Gabriel Garcia Marquez）描述了布恩迪亚家族百年七代的兴衰、荣辱、爱恨、福祸、文化与人性中无法逃避的孤独。小说中的人物时而通鬼神，时而钟情于科学技术。每一代人各有奇诡的折腾方式，却总是以孤独命终。无论他们如何上天入地，通鬼拜神，这七代人还是被神秘的外部力量笼罩。孤独无意义注定是他们的宿命。

了解欧洲外部力量几个世纪以来对拉美社会的摧毁性打击是理解《百年孤独》的钥匙。加西亚·马尔克斯曾经近乎绝望地表示："拉丁美洲历史是一切巨大然而徒劳的奋斗总结，是一幕幕事先注定要被人遗忘的戏剧总和。"1518年，骑着高头大马的西班牙人科特斯（Heman Cortes）出现在墨西哥时，当地的阿兹台克土著人完全蒙了。从军事技术到社会文化，欧洲对当地人而言是完全未知的新现象（Unknown Unknowns）。人数上有绝对优势的土著人首先在思想上被征服，然后遭受肉体上的杀戮却无还手之力。在拉美的场景里，看到极端不确定性出现之时已经是终场的前戏。

人工智能会带来另一幕拉美剧情吗？我们宁可信其有，不可信其无！

遇见未来：组织进化与人才管理的指路针

李宁　潘静洲

未来组织及人才管理的指路针是组织协同双元模式，其耦合性可以将员工的各类互动行为数据可视化与数字化，进而为组织形态变革提供准确方向，为核心人才盘点与评价提供客观依据。利用和挖掘组织内行为大数据将成为企业一种新的关键资源和核心竞争力。

管理瞭望 .《清华管理评论》2022年文章精选

数字经济下的组织形态变革

传统的组织主要依靠正式的组织结构来完成组织内协作，其显著特征是金字塔式的科层结构——不同部门、岗位有着明确的职能分工、权力和责任。基于科层制的组织结构往往分工明确、规章完备，协作目标与任务、权责都是自上而下来传递的。这样有助于组织在目标明确、达成手段清晰的条件下高效运行。然而，在数字经济时代，面对高度不确定性和动态变化的外部环境，传统的组织协作和人力资源管理模式往往无法满足企业业务快速迭代、不断创新的需求。原有的自上而下、泾渭分明的正式协作逐渐被组织内部非正式的、自发产生的、跨层级和跨部门的网络协同协作取代。

近年来，越来越多的企业致力于通过变革组织结构来保持组织活力，提升部门协同效率，激励员工的工作动机与创造力。新型的组织形态不断涌现，如以京东为代表的"积木型组织"、以阿里巴巴为代表的"平台型组织"、以海尔为典型的"倒三角组织"等。随着区块链技术的发展及互联网向Web 3.0的升级，人们提出了DAO（Decentralized Autonomous Organization）的组织形态——基于区块链技术的去中心化自治组织。总之，越来越多的企业认识到传统的科层制组织结构的局限性，甚至提出了"大而不倒"（"Too big to fail"）的观点。基于外部环境和业务特点来进行动态的组织形态变革几乎成为创新组织的共识。那么，什么样的组织形态是最理想的？适合自己组织的变革方向是什么？这些问题还缺乏理论和现实的指导。本文试图回答这些问题，并提供相应的量化工具。

数字经济下组织内协同的本质

新型组织结构的一个共同特点是打破传统金字塔式的科层结构，鼓励自发的、跨层级和跨部门的协作网络，使组织能够更快地应对环境的变化并展现出更强的创新能力。如果将组织比作一座冰山，组织的科层结构、上下级汇报关系、部门职能分工等信息往往代表了浮在水面上的显性因素，而隐藏在水下的往往才是决定组织能力差异的关键因素，更能反映组织的本质。

任何组织均可看作一群人组织起来、相互协同、完成共同目标的集合体。因此，相对静态的科层结构，组织成员之间的协作、信息交换、人际互动的特征和模式更能反映组织的本质。图1展示了某个头部互联网企业一个部门在某个时间节点的协作网络图。从中可以看到员工之间的协作已经打破边界，呈现出明显的网络化特点。虽然这个企业具有传统的组织构架，员工分属于不同的部门（相同颜色代表属于一个部门），但是为了应对多变的外部环境，部门中存在大量的跨部门协作。如何管理跨部门协作一直是企业面临的一个痛点。传统的组织管理工具的一个局限是无法准确地掌握跨部门协作的关键信息，如哪些部门之间存在协同困难，在跨部门协作中存在哪些关键节点等。如果组织无法掌握这些关键信息，也就无法提出有针对性的有效措施进行管理。例如，某两个部门之间经常存在一些信息传递、协作的关键节点，而这些节点不一定是诸如各部门领导这样在组织中担任重要职务的人，反而可能是一些被忽视的"隐形人"。如果能够将组织协作网络可视化，便可将组织内的关键节点直观地呈现出来，那么就可对其进行更具针对性的管理和激励。

图1 数字化时代企业协作网络

从时间维度来看，相对静态的正式组织结构，组织的协作网络结构具有高度的动态属性。随着经营环境的变化，组织网络结构可以很灵活地进行动态调整，进而实时反映组织的运营模式。尤其是在复杂多变的环境中，这种调整的速度往往远远快于正式组织结构的调整。例如，我们可以观测到为了完成某个项目目标，在某一个时间点形成一个新的小协作网络，并在项目目标完成后解散。因此，每家企业都可以看作一个动态的复杂的网络。组织的网络特征和协作模式，一定程度上反映了组织内部一些深层的信息和特质。将组织协作关系以网络的方式可视化后可以为组织结构调整提供重要依据。亚马逊创始人贝佐斯提出两个比萨理论，即如果两个比萨不够一个团队吃，这个团队就太大了，需要拆分。将组织视作一个网络可以更精确地发展这一理论——一个团队如果内部存在两个相对独立的协作网络，说明这个团队的设计可能存在问题，可以通过实际网络结构特征进行重新调整和拆分。

组织协同的双元模式

从本质上看，任何组织都具有两种协同模式：一个是"科层制协同模式"，即基于组织结构的正式协同模式；另一种是"自适应协同模式"，即基于人际互动的非正式协作网络。前者是基于组织设计的正式协作模式，是组织正式规定的协作方式。后者是在完成业务任务过程中真实发生的协作网络，往往是逐步演化、自发形成的。无论是传统的制造型、服务型企业，还是新兴的互联网企业，都采取了正式的科层制协同模式和自适应协同模式。即使谷歌、腾讯、阿里等以扁平化著称的互联网科技企业也存在正式的科层结构，规定了组织成员的层级及所属事业单元、部门、团队及汇报关系等。可见，任何公司都无法完全脱离科层组织结构的限制。高科技公司所推崇和追求的新型组织模式，就是将正式的科层组织结构与为了达成组织目标而产生的自适应协同网络相统一的过程。实际上，先前的组织理论已经指出了现代企业组织模式所具有的双元属性，组织存在正式的科层组织结构和非正式的网络模式，二者相互依存，共同影响组织的运营和管理。

当传统组织面对常规性的工作任务时，往往依赖于正式的工作网络和科层制结构，而正式组织结构没有涉及或无法解决的协作问题，往往通过非正式组织网络来完成，如人际交往或非工作的互动（例如人际关系网络）。但是在数字经济时代，在高度不确定性和对组织变革与创新的需求下，自上而下的金字塔式的组织模式已经无法完全满足组织协同的基本需求（如跨部门、跨层级协作、临时项目团队等），非正式网络结构在其中将发挥更重要的作用。因此，在许多新型组织模式中，组织的网络属性和特征已经成为组织的显著特征。同时，正式的科层结构在一定阶段内是相对稳定的，这种相对静态的组织结构往往滞后于组织的动态发展，无法准确地反映当前组织运营、任务协同的实际需求，而非正式的、协作的深层网络结构是高度动态的。企业的大部分内外部变化，包括组织变革、兼并重组、应对危机、拓展新市场和开发新产品等关键事件都会影响组织成员之间的信息交流和协同管理，并反映到协作网络模式和结构的变化中。换言之，协作网络是高度动态的，这种动态属性可以准确地反映组织模式变革的关键信息和轨迹。科技的进步与企业数字化的进程更加凸显了这一属性。例如，人们开始广泛使用钉钉、飞书等数字化工具协同办公，或者使用腾讯会议、云视讯等云端服务进行远程会议，使用云文件共同编辑文档，"素未谋面"的不同部门的员工可以无边界地实现数字化协同。从这个意义上讲，数字化的进程也在推动员工之间非正式网络的发展，并且在组织协作中发挥越来越关键的作用。

然而，大多数组织内部成员之间的网络连接是隐形的，组织缺乏有效的工具和数据来源将组织网络描述、测量出来，进而主动地优化组织结构来提升管理效能。这是传统企业一直以来所面临的难题。不过，随着企业数字化进程的推进，越来越多的数字化工具被引入组织管理中，如新兴的协同数字化工具、项目管理工具、音视频会议工具等。这些数字化工具可以自动记录组织管理活动及员工之间的协同互动行为，存储海量的行为大数据。这些数字化工具的后台数据可以视为近乎全量的员工行为大数据，是组织内提升管理效能的重要资产和核心竞争力。组织可以通过大数据和智能分析方法将这些看不见的深层网络关系描述出来，并进行相应的管理和优化。这就为将正式的"科层制协同网络"与非正式的"自适应协同网络"可视化、数字化，进而深入分析，提供了可行的测量工具。一些崇尚变革的互联网企业已经开展这样的探索。例如，微软、谷歌等企业已经在组织内部广泛地应用协作网络分析，通过分析优化成员、部门、跨部门之间的协作网络提升组织效能和更好地进行人才管理。

组织协同双元网络的耦合性

科层制协同模式（正式的组织科层结构）和自适应协同模式（非正式的组织网络结构）可以视作组织的一体两面，正式的科层结构和网络结构存在相互影响的动态关系。因此，在动态环境中，组织模式面临的一个问题是：正式的、相对静态的科层结构和隐藏的、动态的网络结构一致性的问题。现实中，组织有可能出现科层结构与网络结构不一致甚至矛盾的情况。

图2（左图）显示了组织科层—自适应模式的双元属性，以及组织内每个成员既有科层属性（a归属于A部门）也有网络社区属性（a归属于社区1）的情形。如上所述，组织的科层结构影响成员之间协同连接的建立和信息交流的方式。因此，在传统的组织内，组织网络的社区结构和科层结构具有较高的一致性，即员工之间的协同交流主要是在所属部门展开的，不同部门之间的协同较为稀疏，网络社区是基于组织正式的科层结构形成的。在此基础上，员工a属于A部门，也属于社区1，而A部门中的员工和社区1的成员基本上是重叠的。然而，也存在因为组织变革、部门设置不合理等因素（见图2中的右图），造成科层结构和网络结构不一致的情况。例如，A部门的2名员工和B部门的3名员工共同开发一项新技术，这些员工在组织网络中属于社区4，而社区3和A部门、B部门只有较少的重叠。在这种情况下，科层组织结构和组织网络结构存在不一致的情况。

遇见未来：组织进化与人才管理的指路针

一致性高 —— 社区1、社区2、社区3
一致性低 —— 社区4、社区5、社区6、社区7

（左图）

成员的科层属性　● 部门A　● 部门B　● 部门C

（右图）组织网络中形成的社区

图2　组织协同双元网络示意

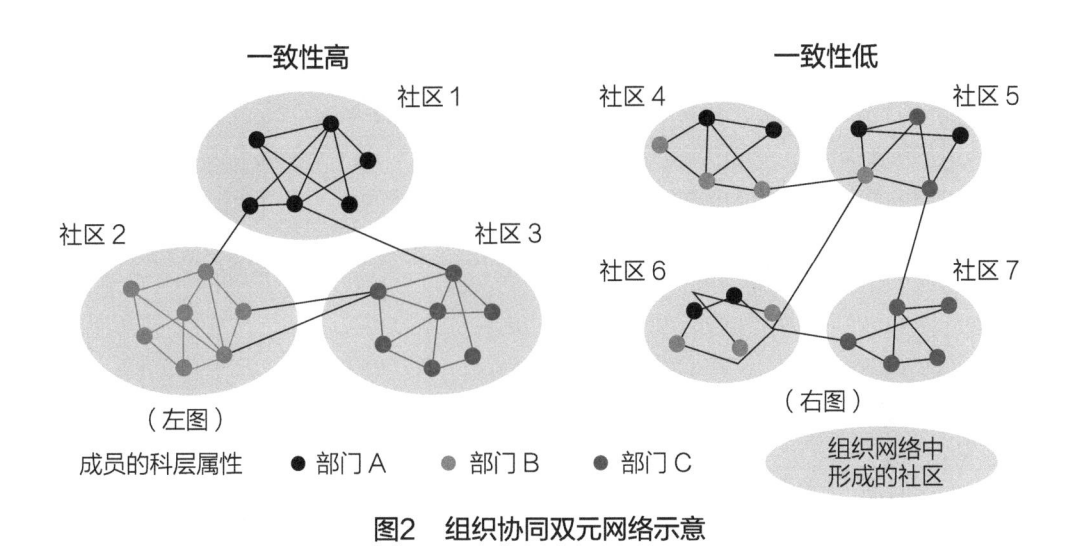

图3展示了某企业部门的协同网络结构。图3中的灰色深浅代表了员工的科层部门属性，不同部门的员工在网络图中具有不同的灰色标识。椭圆灰块代表了基于实际组织网络协作关系识别出的网络社区。从图上可以看出有些部门的科层结构和网络结构具有较高的一致性，这些部门的绝大多数员工同时属于某个网络社区。例如，产品转化部门和新产品开发部门的员工基本属于两个相对独立的社区。这种一致性反映了在这些部门中组织成员的协同交流是基于组织构架展开的，同属于一个部门的员工之间有相对紧密的协同交流关系，不同部门之间的协同关系相对较低。相反，DTA开发平台部门的员工在网络结构上分属两个不同的社区，一致性相对较低。这种不一致反映了该部门的员工虽然属于同一个部门，但是存在相对独立的两个业务单元，员工之间的协同交流围绕着这两个业务单元展开。

81

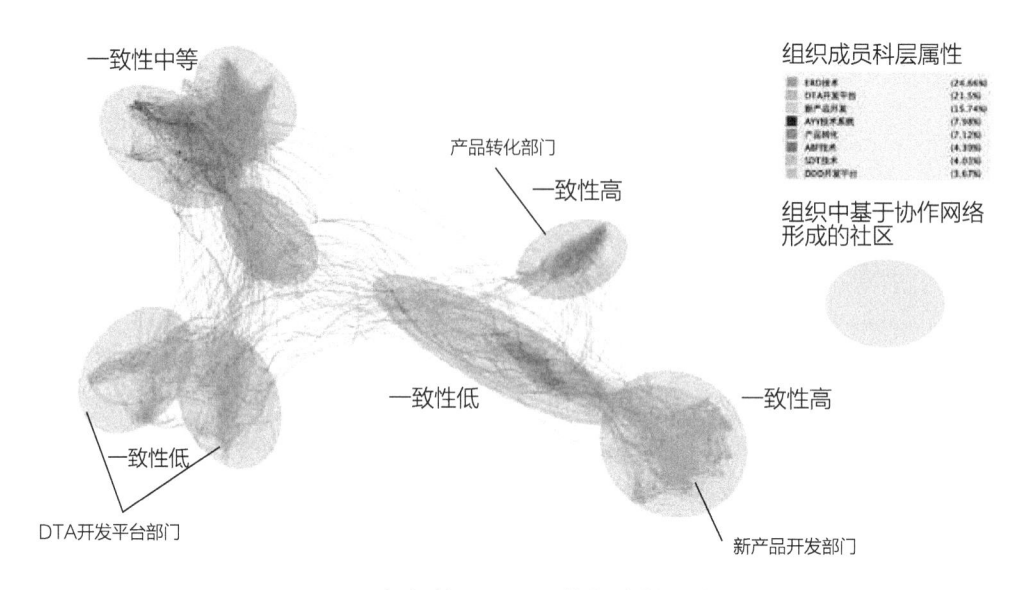

图3 组织协同双元网络耦合性示意

组织协同双元模式的应用

基于组织协同双元性的组织变革

组织协同双元模式的耦合度可以作为组织形态变革的风向标。这是因为组织的本质是通过协作来完成组织目标，组织形态变革的目的是提升组织内的协作效率。当组织协同双元模式一致性较低时，其反映了组织自适应网络结构和组织正式科层结构的不匹配，说明正式的科层结构已经不能很好地支撑组织内的协作。这种情况下，组织需要主动进行组织变革。例如，企业可以将两个具有紧密联系的部门进行合并来降低两种结构的不匹配度。此外，不一致也可能造成过多的协调沟通成本，进而影响组织效能。例如，当双元结构不一致时，员工需要进行大量的跨部门和跨层级的信息交流，使得信息传递效率降低，并产生额外的沟通决策成本。但是，适度的不一致也可能促使不同部门的成员进行信息交流，提升组织内部异质性信息的整合，进而促进创新。所以，并不是说双元模式耦合度越高越好。理想的组织形态应当具有适当的差异性，这有助于组织活力的提升。

从微观角度看，组织双元模式的一致性也会对员工个体行为造成影响。例如，一致性会影响成员之间的协作行为，影响人与人之间协同的动机。不一致带来的更多的跨部门协同会增加协同成本，同时也能拓宽员工获取信息的广度。额外的沟通成本有可能影响员工在组织内的满意度和他们的离职倾向。例如，组织变革和关键事件导致组织科层结构和网络结构不一致，使得员工的协作环境发生巨大改变，这种改变可能造成工作任务的加重、协作成本上升等负面影响。

基于组织协同双元性的人才管理

组织模式的变革必然导致员工行为的变化及对新的管理实践的探索。员工在协同网络中不再是完全独立的个体，而是一个网状组织中的动态节点。因此，员工在组织中的大量行为是和组织协同直接相关的。例如，员工在组织中常常需要和不同部门的同事进行各种会议，共同完成不同的任务，共同开发项目文档，通过各类协同工具沟通协调等。员工对组织的贡献不仅取决于个人任务的完成量，还取决于其在团队协作、跨部门协同、组织变革、组织文化构建的过程中扮演的角色和发挥的作用。基于此，数智时代员工行为研究的一个重要方向是探索员工在组织中协同协作行为的特征和模式。

例如，在协作方面，2016年，克罗斯（Cross）、雷贝利（Rebele）与格兰特（Grant）在《哈佛商业评论》发表文章，表明在组织中员工的协作行为分布极不均匀。大多数情况下，大约3%~5%的员工贡献20%~35%有价值的协作行为。类似地，2015年，李宁等发现团队中存在一类"特殊贡献者"，他们对团队绩效的影响甚至超过了其他所有员工的影响。少数员工成为提升协作效率的瓶颈因素。因此，组织可以通过一系列关键协同行为和结果变量对员工进行分类，通过数据挖掘的方式识别出不同类别的员工（如关键员工、边缘员工、高潜员工等）。如图4所示，右上角象限中的李韵（化名）既是部门内的协作核心，也是组织内的协助核心，这说明其既沟通了部门内部成员的协作，也链接了不同的部门成员，在跨部门协同上扮演重要角色。组织在做人才盘点时，可以用这种自适应网络来识别组织协同中的核心员工。

遇见未来：组织进化与人才管理的指路针

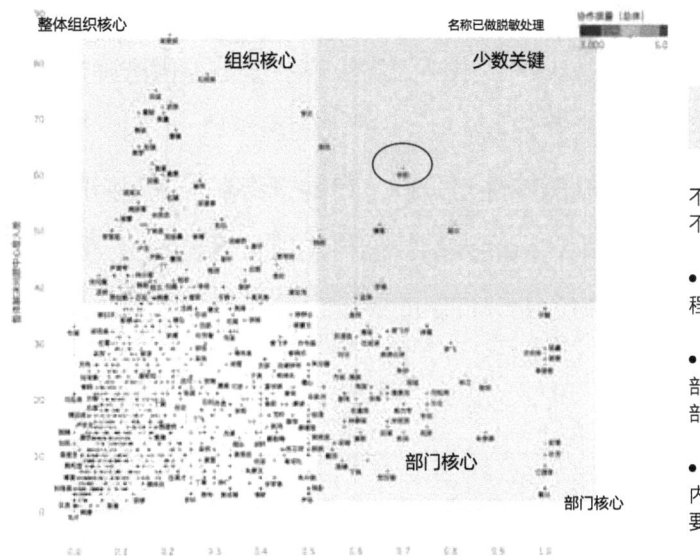

图4　基于网络的人才盘点

结　　语

  目前，很多中国企业在数字化方面已经走在了国际前沿，拥有不少国际领先的成果，积累了大量的员工行为数据，可是在组织管理方面仍然存在大而不强、快而不优的特征，甚至被迫陷入低效竞争、"大力出奇迹"的盲目高速扩张，继而常常出现大规模招人后又大规模裁员的情形。随着"人口红利"的逐渐消失，企业必然需要通过优化管理模式来提升组织效能，通过对行为大数据的智能分析来帮助各级管理者进行决策。组织协同双元模式及其耦合性分析正是在这样的背景下，为管理者提供了基于行为大数据智能分析的组织变革工具。组织协同双元网络耦合性可以将员工的各类互动行为数据可视化与数字化，进而为组织形态变革提供准确方向，为核心人才盘点与评价提供客观依据。

总之，通过对行为大数据的挖掘与分析，有助于将基于主观经验的决策转变为基于客观数据的决策，从而提高管理科学性与管理效能。利用和挖掘组织内行为大数据将成为企业一种新的关键资源和核心竞争力。

企业家的伟大实践：伦理价值与社会福祉的实现

陈宏辉

企业管理者应该"在商言商，尽力为股东赚取更多的利润"，这种管理理念似乎无可指摘。但真正有意义的企业管理是在管理过程之中赋予其伦理价值和社会福祉的属性。企业管理的伦理价值属性体现在"以人为中心"开展管理工作，社会福祉的属性体现在通过管理工作使得企业成长与社会进步同频共振。中外一些伟大企业家的管理实践表明，上述判断虽然是很多理想主义情结的凝结，却是伟大的管理与平庸的管理区别之所在。

管理瞭望．《清华管理评论》2022年文章精选

前人的探索

一个广为接受的观点是：管理自古就有，古人对家庭、氏族、部落、军队、国家等组织早就采用了各种各样的管理方法，使之能够更快、更好、更省力地做更多的事情。有一点值得特别强调：只有工厂或企业这种组织形式被创建出来以后，管理工作才开始有了一些有别于以上组织形式的独特味道。工厂制度（Factory System）诞生于19世纪，它需要解决一个重要的管理问题：怎样才能把一群互不认识、年龄有别、肤色不同、秉性各异的人聚合在一起进行有效的大规模生产活动，最终能够向市场提供合格的产品或服务。显然，在追求更大经济效益目标的驱使下，劳动分工、效率、计划、监督、奖惩很快就成了解决这一问题的有效方法。但是，企业管理工作的目标仅是追求利润最大化吗？企业管理者的决策是否需要考虑相应的伦理价值？从更加宏大的视野来看，企业管理是否需要考虑如何更好地增进社会福祉？

我们来看看两位企业管理者的早期探索。罗伯特·欧文（Robert Owen，1771—1858）是西方管理实践的先行者之一。18岁时，青春年少的欧文就在曼彻斯特创办一家工厂，开始投入企业管理工作之中。资料记载，欧文给下属留下的印象是"自信、和蔼、彬彬有礼，极具绅士风度"。除了开展传统意义上的企业管理工作之外，欧文还致力于改善工人生活和工作环境。例如，为工人提供二居室的住房；集中处理工人的生活

垃圾；为工人提供伙食，创建工人消费合作社，设立工人医疗和养老金制度；要求经理人员开门办公，员工可以看到经理人员在干什么，也可以随时敲门进去和经理人员攀谈讨论；送员工进学校参加各种培训；禁止对员工进行身心惩罚，建立员工申诉制度；不允许雇佣10岁以下的童工；把工人每天的工作时间控制在10小时45分钟。这些做法在今天看来似乎是一家"好的企业"理所应当做的，但在当年的英国企业界可谓别出一格，甚至是异类般的存在。

  欧文不仅在企业内部开展富有人文关怀和伦理价值取向的管理工作，他还致力于推进以工厂为中心的社区改革。例如，他在工厂所在的社区建立多个晚间娱乐中心，建立具有文化色彩的"协作村"，让当地的居民享受更多的文化和娱乐服务。从1799年开始，欧文出资推动新拉那克地区学校的改革工作，并取得很大的成就。据记载，多年来，新拉那克工人中存在"那种愚昧无知和缺乏教育而养成的酗酒、偷盗、欺骗等恶习消失，30年中没有出现过诉讼、侵犯邻居财产的现象"。1791年，欧文又做出一件令人震惊的事情，他把自己创办的企业卖给一个名叫德林克沃特的人，自己成为一名领薪的企业管理者。从老板转变为职业经理人，欧文给当前公司治理研究留下一个活生生的案例。在人生的后半期，欧文还致力于把自己的这些企业管理方法进行更大范围的推广。例如，1824年，他斥资买下1214公顷美国印第安纳州的土地，建立印第安纳合作社，进行新和谐移民区社会改革试验；1834年他领导了英国工会运动。众所周知，由于历史的原因，欧文的这些尝试基本以失败告终，他也以"空想社会主义者"的名号留在历史的长河之中。如果以企业的盈利情况和名气大小为标准，欧文不能算是一名成就多么显赫的企业管理者，但是他在企业经营管理过程中关心人的感受、重视人的价值、探索企业管理对社会福祉的影响却令人肃然起敬。要知道，除了创办工厂、管理企业之外，欧文还有一个名留青史的创举：他是人类历史上第一个创立学前教育机构（托儿所、幼儿园）的教育理论家和实践者。

另外一位是亨利·福特（Henry Ford，1863—1947），福特汽车公司的创始人。40岁时（1903年），福特正式创立福特汽车公司，投身汽车这个新兴的行业之中。1908年10月1日，福特公司的第一辆T型车正式面世。此时，福特汽车公司的市场份额为9.4%。作为大规模生产的第一位倡导者和实践者，福特在接触了科学管理理论之后为之着迷，并把自动化流水线引入汽车生产流程，劳动生产率迅速提升。1914年，福特公司的市场份额上升到48%，1921年甚至高达56%。1918年，福特公司的胭脂河工厂开业，生产能力逐渐达到顶峰，其中1923年T型车的年生产量高达200万辆。至1927年，福特公司共生产1500万辆T型车。在这一过程中，福特汽车的价格从780美元（1910年）、690美元（1911年）降至360美元（1914年），直至290美元（1927年）。

不过，福特在管理学历史上的贡献可不仅是"一位科学管理理论的伟大实践者"这么简单，他在管理企业的过程中对工人的关怀更是让人感动。他是美国的亿万富翁，但对于金钱他很是无感，"除了用来付账之外，不知道钱还有别的什么用处"。福特认为，工人靠工资来养家糊

企业家的伟大实践：伦理价值与社会福祉的实现

口，对工人来讲，工资是最重要的问题。1914年，福特大幅度提高工人的工资，从原来的2.34美元/9小时提高到5美元/8小时。换句话说，福特公司的员工每天比同行企业的员工少干1小时的活儿，工资却多1倍以上。要知道，福特公司是直到1956年才成为公众上市公司的，此前一直都是一家私营企业。给员工支付如此高额的工资，无异于是把应该分给自己的利润拿出来与员工共享。在福特看来，"这个国家的大多数人都是靠工资生活的……作为领导者，企业主的目标应该是比同行业的任何一家企业都能给工人更高的工资。"1926年，福特公司开始实行每周5天的工作制度。公司还设立为员工服务的医疗部门，设立专门处理员工福利事务的部门，开办面向员工的职业技术学校。此外，福特甚至关注员工的私生活领域，"确保他们（员工）的家是整齐干净的，他们饮酒不过量，他们的生活没有不清白之处，并确保他们的空闲时间用在有益的事情上。"

  福特公司上述多项关心员工、爱护员工、给员工付高工资的做法，即使在后来陷入经营危机时也一直在坚持。由于对T型车的过分迷恋，以及一系列战略决策的失误，福特公司在市场竞争中逐渐败给阿尔弗雷德·斯隆（Alfred Sloan）所带领的通用汽车公司。1946年，福特让位于孙子，其时公司每月亏损已经高达1000万美元。不过，福特30多年来对员工的关爱得到了回报。员工们心存感激，在公司经营最危险的时候齐心协力，与公司共渡难关。得益于前期的积累和第二次世界大战期间美国政府的大量订单，福特公司避免了倒闭的厄运，最终闯过险境。显然，作为一名企业家、一名管理者，福特看到的不仅是金钱和利润，对员工的关怀、对基本伦理价值的坚守、对社会福祉的思考使得他成为同时代企业管理者的标杆和楷模。

不同的声音

显然，企业管理者最希望做到的事情是两全其美，"既赚了票子，又挣了面子"，实现企业价值与社会价值双赢的局面。但是，身处激烈竞争的市场之中，现实中的企业管理者往往听到不同的声音。例如，企业管理者在他们的管理工作之中就一定需要考虑伦理价值和社会福祉问题吗？如果把企业管理者看作职业经理人，"为股东谋求最大化的利润"难道不是最为基本的职业要求吗？如果让管理者在经营决策过程中加入伦理价值和社会福祉的元素，会不会让他们为其糟糕的经营业绩找到一个漂亮的借口："嗨，股东们，请注意，虽然我们公司业绩不好，但我们可是承担了很多社会责任、促进了社会发展啊！"

这种担忧不无道理，也引起学术界的深思。20世纪20年代，企业社会责任的概念被正式提出来，它一方面有助于解决西方国家经济快速增长过程中企业所引发的社会问题，另一方面被认为动摇了自由企业制度和利润最大化原则。因此，企业社会责任概念刚一出现，便引起学术界的广泛关注与讨论。其中，最为著名的是哥伦比亚大学的贝利（Adolf A. Berle）和哈佛大学的多德（Merrick Dodd）两位教授之间的论战。论战双方围绕"企业管理者是谁的受托人"（For whom are corporate managers trustees）这一焦点问题展开，就其本质而言就是争论企业为什么需要承担社会责任，企业管理是否应该包含伦理价值和社会福祉。双方的拥趸旗帜鲜明地站队，在学术杂志上发表了一系列的论文来陈述自己的观点，争论持续了30多年。

著名经济学家米尔顿·弗里德曼（Milton Friedman）在20世纪70年代加入这个问题的争论中。他在一篇发表于1970年题为《企业的社会责任就是增加利润》（"The Social Responsibility of Business Is to Increase Its Profits"）的文章中明确指出："企业有且只有一个社会责任，那就是……增加企业的利润。"今天来读这篇文章，我们仍然似乎可以从字里行间想象出弗里德曼教授在写作该文时咬牙切齿的表情，感受到他对"企业社会责任"一词的愤懑和鄙夷。那些忘记"企业社会责任就是增加利润"，转而坚称企业负有社会责任的商人，甚至被弗里德曼教授怀疑是否有精神分裂的特征。在他看来，企业社会责任是一种会对自由经济社会"从根本上起颠覆作用的学说"，会危害资本主义社会的根基。事实上，作为自由主义经济学旗手的弗里德曼教授持有这一观点，是不难理解的：在一个把企业追求利润最大化作为天经地义的事情的环境中，那些认为企业需要承担很多社会责任的观点的确显得离经叛道了，也就自然受到主流经济学家们的怒斥和贬损。

不过，值得特别指出的是，对于弗里德曼教授的这一著名论断，学术界和企业界人士千万不能断章取义。事实上，仔细通读该文可以看出，弗里德曼教授的这一论断（"企业有且只有一个社会责任，那就是……增加企业的利润"）是基于特定的情境做出的。这句话中间的省略号所隐去的内容恰恰是令人警醒的前提条件：弗里德曼教授强调在市场经济中生存发展的企业首先必须遵循自由、公开的竞争规则，要恪守伦理底线，不能欺骗舞弊、肆意妄为。这段话的原文是：在这样一个社会中，企业有且仅有一种社会责任，即运用其各项资源，从事增加利润的活动。当然，这一判断需要满足如下条件：企业需要遵守游戏规则。也就是说，企业要参与公开、自由的竞争，没有欺骗，没有舞弊。（In such a society, there is one and only one social responsibility of business—to use its resources and engage in activities designed to increase its profits so long as it stays within the rules of the game, which is to say, engages in open and free competition without deception or fraud.）显然，弗里德曼的真正意思是，如果满足一定前提条件的话，企业唯一的社会责任就是想方设法提高利润。这些前提条件就是企业要遵守商业游戏规则，即在公开自由竞争、没有欺骗或者作弊的情况下，利用其资源从事各种经营活动。

由于弗里德曼教授在西方学术界具有很大的影响力，特别是他于1976年获得了诺贝尔经济学奖，他的这篇文章常常被一些人拿出来作为企业无须承担社会责任，企业管理不用考虑伦理价值与社会问题的例证。几年前，一群研究企业社会责任与商业伦理的学者参加一次学术研讨会，特意把弗里德曼的这篇文章打印出来，再次仔细阅读、充分讨论。最后得出的结论是：当初，弗里德曼教授在发表这篇影响深远的文章时，用了"企业的社会责任就是增加利润"这一省略了限定条件的断言作为标题，言简意贱，直抒胸臆，应该是为了坚定地表明他作为自由主义经济学家的鲜明立场。但是，后来许多学术界和企业界的人引用他的这一著名论断时，都有意无意地忽略或者忘记弗里德曼教授所特别指出的那些前提条件。这篇文章的标题抓人眼球，颇有"语不惊人死不休"的味道，但文章的核心观点却不是这个标题所能简单概括的。由此看来，这篇文章也许是企业社会责任与商业伦理领域内最有名的"标题党"文章，与当今网络时代一些自媒体擅长的"震惊体""突发体""刚刚体"有得一拼。

从现实来看，许多企业恰恰是遗忘了弗里德曼所强调的企业管理工作原本应该遵循的基本规范，它们为了经济利益不断突破法律和伦理的底线，沦为世人唾弃的对象。也有许多企业管理者绞尽脑汁地推出名目繁多的社会责任项目，宣称自己的企业承担了各种社会责任，却连"自由竞争、没有欺骗或者作弊"的基本要求都达不到。20世纪80年代之后，西方国家许多企业的经营管理中出现失范行为，大量理论研究也表明弗里德曼教授的观点过于理想化。企业应该承担社会责任（在追求经济利益的同时必须遵守法律、恪守伦理道德、参与慈善公益活动），企业管理工作需要有效地回应利益相关者的利益要求的观点逐渐成为社会各界的主流看法。

中国企业家的伟大实践

以上讲述的都是西方企业家的故事和西方学术界的争论，接下来我们看看几位近代中国企业家在企业管理的伦理价值与社会福祉方面的探索与实践。

第一位是张謇（1853—1926），被称为"状元实业家"。1894年，在入仕的道路上奔波了26年，41岁的张謇终于得中状元。恰值当年，张謇的父亲去世，他归家守制3年。守制期间，奉张之洞之命在南通筹办纱厂。1898年回京销假，正值"百日维新"。张謇在京城目睹了清廷官场的险恶，决定归乡继续办厂。这位清末状元没有坐过一天的官位，自此走上"实业救国"之路。

办厂初期资金紧缺，非常困难。奔波于南通与上海之间，面对黄浦江的滔滔江水，张謇多次以泪洗面。最困难的时候，他不得不在马路边卖字，赚取旅费。1898年，张謇在南通唐家闸开始建造大生纱厂，次年建成投产。"大生"二字，源自《易经》中的"天地之大德曰生"一语。读书人办企业，其情怀已然印刻在公司名称之中。创业初期，艰辛万分。张謇埋头苦心经营，筚路蓝缕，终于把"大生"的品牌名号推向全国。从1914年至1921年，大生纱厂（一厂、二厂）的利润已达1000多万两银子，张謇进入自己的黄金时代。但是市场变幻莫测，1922年成为大生公司由盛转衰的转折点。持续走红的市场突然走黑，棉贵纱贱。不到一年的时间，张謇的黄金时代戛然而止，中国商业精神领袖、状元企业家张謇宣布破产。

就办厂的规模和盈利情况而言，张謇是一名成功的创业者；从最终的企业走向来看，张謇又是一名失败者。因此，胡适先生对他的评价是："张季直先生在近代中国史上是一个很伟大的失败的英雄"。但是，张謇留给中国社会的绝不仅是他在商业上起伏波折的故事，也不是他头顶上那个绝无仅有的"状元实业家"的光环，而是他在经营企业过程中对于促进社会福祉的孜孜探求。这一点主要体现在两个方面：造福桑梓和关心教育。

首先，张謇创办大生公司以后，又陆续建成通海垦牧公司，创办广生油厂、复新面粉厂、资生冶厂等，兴建天生港，并配套建设发电厂、大达轮船公司、大生码头，逐渐形成唐家闸工业区。1920年，原本寂寂无闻的唐家闸小镇的人口已经达到5万人。通扬运河两岸工厂林立，车船往来，商业发达，欣欣向荣。唐家闸，一个弹丸小镇，由于张謇所创办的工商企业而声名远播。在当时国外出版的一些世界地图中，在南通的方位都标注着"唐家闸"。经营企业的同时，张謇开始不遗余力地反哺社会，为南通的社会发展贡献自己的力量：建成南通博物苑（中国第一所博物馆，1905年），创办南通电灯厂（1909年），建立大聪电话公司（1913年），设立南通气象台（1916年），组建南通更俗剧场（1919年）。这些事情已经与大生公司的业务没有什么关联了，更不是为了赚取更多的利润而进行的"多元化扩张"，而是为了造福桑梓，促进社会的进步。

其次，张謇热心教育事业，主张"实业救国"的同时进行"教育救国"。张謇一生创办了20多家企业，着实令人敬佩，但他做成的另外一件事情更加值得后人敬仰。他直接创办或参与创办的学校高达370多所，而且许多学校的兴办在当时都是全国第一！张謇建成了我国第一所特殊教育学校（聋哑学校）、第一所师范学校（南通师范学校，1903年）。以下这些学校的创办或发展都与张謇的名字紧密联系在一起：三江师范学堂、东南大学、南京大学、扬州大学、复旦大学、南通中学、大连海事大学、河海大学、上海海洋大学、同济大学、苏州大学……这是何等伟大的格局和视野，怎样宽广的心胸和情怀，才能支撑一位企业家殚精竭虑地经营管理企业的同时投身于改善社会福祉的工作之中啊！

1922年，张謇在报界举办的"最景仰之人物"民意测验中，获得最高得票数，他的传奇经历和博大胸怀得到了国民的交口称颂。1926年8月24日，张謇先生在南通病逝，这位传奇企业家走完了自己不平凡的人生历程。出殡之日，南通近乎全城的百姓都出来了，扶老携幼为张謇送行。毛泽东曾经指出："中国的轻工业不能忘记海门的张謇。"2020年11月12日，习近平在南通博物苑参观张謇生平展陈后指出："张謇在兴办实业的同时，积极兴办教育和社会公益事业，造福乡梓，帮助群众，影响深远，是中国民营企业家的先贤和楷模。"

另外一位是卢作孚（1893—1952），民生公司创始人、中国航运业先驱，被誉为"中国船王"。卢作孚早年加入中国同盟会，从事反清保路运动，走上"革命救国"之路，并积极参加五四运动。在参加了李大钊等人组织的"少年中国学会"、开展"川南教育实验"等活动之后，卢作孚逐渐形成"教育救国"的思想。1925年，卢作孚开始筹办民生实业公司，走上了"实业救国"的道路。卢作孚的设想是，民生实业公司以轮船航运业为基础，适度进行业务拓展，以促进社会改革和发展，达到振兴中华的目标。当时，外国轮船公司对长江上游航运业务进行垄断性经营，并用各种手段遏制民生公司的发展。卢作孚整合了上下游10余家轮船公司，"集零为整"，避开外国轮船公司的围堵。经过近十年的艰辛打拼，卢作孚领导下的民生公司牢牢掌控了长江上游航运业务，将曾经横行于长江上游的外

企业家的伟大实践：伦理价值与社会福祉的实现

国轮船公司逐出中国，使民生公司拥有了"崛起于长江，争雄于列强"的底气。1937年，民生公司已经拥有轮船46艘，员工近4000名，发展成为我国当时最大的民族航运企业。

与张謇以"状元企业家"的身份关心社会福祉类似，卢作孚不仅是以"中国船王"留名中国商业史，还以一名企业家的身份干成了惊天动地的事情，直接影响了中国的"抗战"事业。1938年武汉失守后，大量人员和物资准备撤往四川上游，但由于运力严重不足，人员和物资屯集在湖北宜昌动弹不得。在日本飞机的轮番轰炸下，损失惨重，情况日益紧张。滞留在宜昌的包括数十所学校的师生，以及多个兵工厂、飞机厂、无线电厂、航空站、钢铁厂、机器厂、煤矿、纺织厂、被服厂的人员和物资。如果不赶在长江上游枯水季节到来之前运走这些人员和物资，后果将不堪设想，而这个时间窗口只有大约40天！在民族危难、国家危亡之际，作为企业家的卢作孚展现出了伟大的爱国主义精神和家国情怀。他毅然做出决定，调集民生公司所有船只和大部分业务人员，开展了惊心动魄的"宜昌大撤退"。卢作孚不顾个人安危，亲自到宜昌第一线坐镇指挥。经过40天的奋战，民生公司的职员不顾日机的狂轰滥炸，采取化整为零、分段运输等方法，昼夜不停地抢运人员和物资，终于在宜昌沦陷之前，将滞留在宜昌的150余万人和100余万吨物资抢运到了四川。在这次抢运过程中，民生公司损失了16艘轮船，被炸伤损坏的轮船有69艘，被炸至伤残的员工有76名，更有117名员工献出宝贵生命！在这次被誉为中国版"敦刻尔克大撤退"的抢运事件中，卢作孚及其领导的民生公司为保存当时中国的经济命脉，提振中国人的抗战信心做出巨大牺牲和杰出贡献。这次"宜昌大撤退"不是依靠国家力量完成的，也不是军事官员指挥的行动，完全是依靠卢作孚和他的民生公司所有员工来完成的。在古今中外战争史上，这样的壮举只此一例，这样有社会情怀和民族大义的企业家所做出的事情怎能不让人心潮澎湃！

宜昌大撤退后，民生公司继续为抗战事业做贡献，并做出极大的牺牲。据统计，在整个抗战期间，民生公司的船只运送出川的抗战将士共计270.5万人，运送武器弹药30多万吨。1939—1945年，民生公司有9艘轮船被日机炸沉，6艘被炸坏，损失的轮船运力就有20338吨。从经济利益角度讲，民生公司在抗战期间的经济损失难计其数。除此之外，卢作孚还非常热心乡村建设和教育事业。他在重庆北碚创办了中国西部博物馆，倡导广植花草树木，改善北碚的生态环境；积极创办多项文化事业和社会公共事业，包括投资创办中国西部科学院、兼善中学、地方医院、公共图书馆、体育运动场、平民公园、民众学校等。他是我国第一个明确使用"乡村建设"一词并在乡村建设方面亲力亲为、躬身践履的企业家。毛泽东曾经给予卢作孚高度评价，称他是"中国近代史上万万不可忘记的人"。

在近代中国，还有一些企业家也是不应该被遗忘的，如范旭东（1883—1945）、穆藕初（1876—1943）。范旭东是中国重化学工业的奠基人，创办了久大精盐公司、永利制碱公司、南京铔厂等，被称作"中国民族化学工业之父"。1937年南京沦陷前夕，范旭东安排南京铔厂的职工向长江上游撤退。为了不让化工工厂落入日本侵略者的手中，范旭东仰天

企业家的伟大实践：伦理价值与社会福祉的实现

痛哭后捣毁机器，点燃炸药，把自己亲手创办的工厂炸毁！撤退到西南大后方后，范旭东重建化工产业，为中国的抗战事业做出杰出的贡献，被毛泽东赞誉为"工业先导，功在中华"。穆藕初33岁时（1909年）自费留学美国，学习植棉、纺织与企业管理知识，获得硕士学位。在美留学期间，穆藕初与科学管理之父泰勒有过书信往来，并应泰勒之邀专程前往费城与其会晤，他被认为是唯一一位与泰勒有过交集和切磋的中国人。回国之后，穆藕初创办德大纱厂，逐渐成为全国闻名的"棉纱大王"。除了经商之外，穆藕初还热心社会事业。1917年，穆藕初参与发起成立"中华职业教育社"，并担任中华职业学校董事会主席。1921年，穆藕初在他的公司处于惨淡经营之时出巨资创设"昆剧传习所"，使得昆剧一脉的星火得以延续。1920年，穆藕初捐出巨款5万两银子，帮助罗家伦、段锡朋、周炳琳、康白情、王敬熙等五人到欧美留学。后来，穆藕初还资助过方显廷、张纯明、江绍原等20多人出国留学，为中国的建设和发展培养了一批精英人才。

高山仰止，景行行止；虽不能至，心向往之。一个人投身于商海，在激烈竞争的市场中打拼，能够把企业经营好，在市场上占据一席之地，已经相当不易了。但是，人总得有一些理想主义的情怀，或者说人与人总还是有一些差异的。同样是企业管理者，有的人强取豪夺，以身试法；有的人坑蒙拐骗，丧失伦理道德；有的人明确底线，取财有道。但是，在做一名"有底线的生意人"之上，企业管理者仍然还有很多选项：例如，做一名有良心的经商者，有远见的企业家，有家国情怀的社会公民，有理想抱负的商业领袖。正是因为有罗伯特·欧文、亨利·福特、张謇、卢作孚、范旭东、穆藕初等能够把管理工作与伦理价值、社会福祉联系起来考虑的企业家的存在，人类社会才会不断进步，企业管理工作才不至于落入俗人只见金钱的流弊之中。

理想与现实的冲突

总结来看，企业管理的伦理价值属性主要体现在管理过程要"以人为中心"（Person Centric）来开展工作，关心人的身体健康、心理感受、体面尊严和伦理取向；企业管理的社会福祉属性主要体现在企业的成长与社会的进步同频共振，关心社会的发展，解决社会中出现的问题，力求实现企业与社会的双赢。

不可否认的是，要想真正实现企业管理的伦理价值与社会福祉，还有很长的路要走。而且，这种被认为是"乌托邦"式的设想，很有可能会被人讥笑为"不食人间烟火""不懂企业管理者艰辛"的喃喃梦呓。但是，学者的价值和情怀也许恰恰在于此。总不能眼见那些"下三烂"的企业占据了商业舞台的中央而装聋作哑、闭口不言，我们应该理直气壮地告知企业界人士：什么样的企业管理才是真正的企业管理，什么样的企业家才是真正伟大的企业家。

2019年的一则国际新闻似乎给这种理想化的梦呓照进了一些现实的光芒。2019年8月19日，181家美国著名公司的首席执行官参加完当年的"商业圆桌会议"（Business Roundtable）后联合签署《公司宗旨宣言书》（*Statement on the Purpose of A Corporation*）。该宣言明确指出，企业

企业家的伟大实践：伦理价值与社会福祉的实现

应当树立社会责任意识，公司管理团队应该致力于满足客户、员工、供应商、社区以及股东等诸多利益相关者的利益要求，并宣称股东利益并不是一个公司最重要的目标，公司的首要任务是创造一个更加美好的社会。

这条新闻在2019年具有相当大的震撼力，许多人都不敢相信包括亚马逊公司的贝佐斯、苹果公司的库克在内的众多美国知名企业的首席执行官居然签署了这样一份联合宣言。它清楚地表明，以美国为代表的西方国家企业管理者对于管理的目的有了全新的思考和答案：企业是社会大系统的一部分，经营企业需要的所有资源均来自社会供给，企业的成长需要与社会的发展同频共振，企业管理具有强烈的伦理价值和社会福祉属性。不过，在一片惊呼声和赞扬声之中，也有人提出了进一步的疑问：如何能够形成足够的力量（Power）来确保"企业的首要任务是创造一个更加美好的社会"，而不是任由追求利润回报的资方力量来左右公司前进的方向？如果企业管理层注重与众多利益相关者的良好沟通，积极承担社会责任，致力于公司的长期发展和提升社会福祉，但投资方却急于获得短期回报，这种理念上的冲突是否会使得公司董事会撤换公司的高管。毕竟，董事会是由投资方控制的；毕竟，这种联合宣言不具有任何法律效力，它只是公司的一种态度而已。

残酷的现实案例终于出现了。2021年3月15日，法国食品巨头达能公司宣布进行重大调整，范易谋（Emmanuel Faber）卸任董事会主席兼首席执行官。此前达能公司发布的2020年财报数据显示，该公司2020年销售收入下降了1.5%，跌至236亿欧元，其中饮用水和饮料业务销售收入同比减少16.8%，经常性经营利润率降至7.0%。2020年达能股价下跌27%，处于七年来的低点。在业绩和股价双下滑的背景下，范易谋的离任似乎是职业经理人市场上一件很正常的事情。不过，值得玩味的是，范易谋恰恰就是一位坚持长期主义、坚决捍卫摆脱短期资本运作的企业管理者。十多年前，范易谋就曾公开批评美国企业过于追求利润最大化。他认为这是一种短期化管理企业的思想，更多的是受经济学中"芝加哥学派（自由经济主义）"的影响，对社会的长期发展并不利。在担任达能公司高管，尤其是2017年担任董事会主席兼首席执行官之后，范易谋在达能公司内部全力推行更加绿色环保、更加亲社会的经营理念。近年来，达能公司在全球范围内推出多项有深远意义的社会责任项目，以促进达能公司与环境、社会的和谐发展。然而，坚信企业管理应该具有伦理价值与社会福祉属性的范易谋还是败给了手握生杀大权的资本方。自2020年以来，达能管理层受到了包括投资基金Artisan Partners和激进主义投资者Bluebell Capital在内的一些股东的强大压力。他们对公司的股价不满，对股东的分红政策不满，要求管理层尽快提高股东回报率。股东投资方对短期收益的明确要求与范易谋所坚持的长期化经营思路南辕北辙，范易谋的离职也就在所难免。

《公司宗旨宣言书》和范易谋的离职给了我们一个警示：理想很丰满，现实很骨感。但是，不管前方的道路有多么漫长，一个有格局、有远见、有抱负、有情怀的企业管理者应该为企业这一组织形式在人类经济生活和社会发展中所扮演的重要角色而深感自豪，要让自己所从事的管理工作在为企业创造经济价值的同时创造伦理价值、增进社会福祉，并为此而贡献聪明才智和全部的力量。

科创领导者的破局密码

卫田　朱涵文

当前时代，科创已然成为不可逆转的潮流趋势，科学与领导力，看似孤立的两个领域因此有了深层的内在联系。科创领导者在创业的过程中，要关注身份认同的转变，将协作、沟通与学习作为抓手，促进能力培养，实现转变与破局，最终真正迈向商业成功和实现个人成就。

具有非凡的技术创新才能的帕克在高中就夺得了西屋天才发现科学大奖赛（Westinghouse Talent Search）全美第三名，顺利入读名校。毕业后进入一家大型科技公司高薪就职。没过多久，欣赏他的技术能力的大学室友邀请他共同创业。当这家创业公司熬过最初的波折终于走上正轨时，创始人之间的矛盾却日益凸显。只在技术方面有话语权的帕克被排挤，离开了公司。对此，帕克不以为然，迅速投入二次创业中。这次，他选择单打独斗。凭借过硬的科技本领和革命性的创意，仅用不到2年的时间，就使公司的业务和员工规模都大幅扩张，公司估值达到了45亿美元。然而，帕克把公司管理想象得太过简单。不久，公司出现监管失败、员工涉嫌非法销售等重大纰漏，帕克只好引咎辞职。

这是发生在美国硅谷的一个真实故事，故事的主人公是帕克·康拉德（Parker Conrad）——硅谷传奇企业西菲格（SigFig）和泽尼菲兹（Zenefits）的创始人、前CEO。帕克的故事并非个例。据硅谷中小企业咨询顾问德拉加纳·蒙德（Dragana Mende）的数据显示，科创企业的失败率高达75%，远高于全美企业平均水平。在中国，根据中国工商行政管理总局2013年内资企业生存时间分析报告，生存时间在10年以上的企业存活率更是不到17.7%。我们太过熟悉特斯拉（Tesla）、苹果（Apple）、联想、小米这些成功案例及其创始人所展现出的杰出才能与产品创意。

这个世界从来不缺乏科技天才，缺的是引领变革的领导者。《纽约时报》（*New York Times*）商业评论家椰林·格里菲斯（Erin Griffith）撰文指出："我们必须承认，有些创始人成长为优秀的CEO，但是大部分硅谷创业者没有。这是硅谷文化无法避免的副产品。这里尊重工程师、设计师和投资人，唯独忽视了管理者。"

当前，科创已经成为中国商业环境下不容忽视的演进基调。越来越多的科学家、教授走出实验室、研究所，走向市场与社会，推动知识成果转化，追寻个人独立性与自我价值的实现。然而，现有的管理学理论和领导力模型大多是七十多年前西方商业语境下的产物，难以解决科创情境下的新问题。科创领导者如何打破潜在的知识和能力壁垒，引领企业迅速发展并实现全球扩张？本文先分析科创领导者的能力，重点讨论他们的优势和劣势，在此基础上，构建科创领导者模型，为其破局提供借鉴与参考。

能力分析：科创领导者的优势和劣势

优势：科创核心，科学先行

作为当前商业领域的新兴翘楚，科创领导者与传统创业者存在明显的不同：他们大都接受过完整而系统的高等教育，甚至对某领域有着深入的研究和全球领先的见解。在走访多家科创企业，并与相关投资人沟通的基础上，笔者结合相关二手资料，总结出科创领导者拥有两大显著优势：专利技术和技术悟性（见图1）。

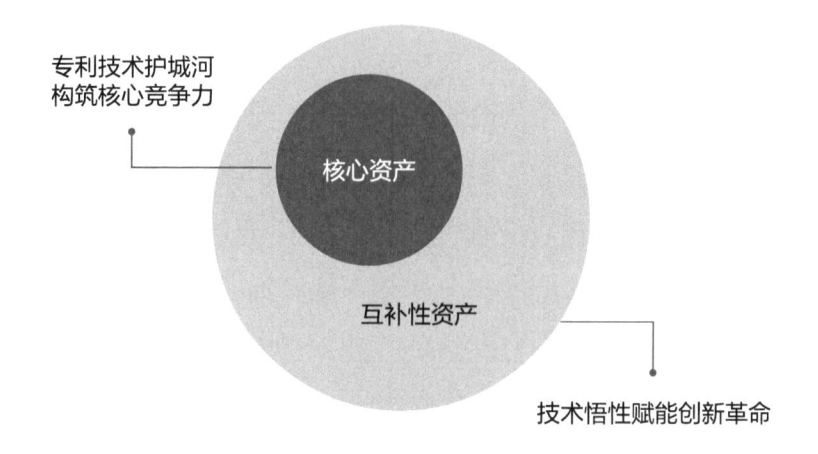

图1 科创领导者的优势

专利技术护城河构筑核心竞争力。科创领导者大多具备核心技术专利，并有将技术产品化的强烈愿望。数据显示，截至2022年上半年，科创板企业平均有效专利量约174件，授权发明专利量达93件。这与科创企业领导者、创始团队的技术背景密不可分。专利技术的独特性与排他性构筑起较高的技术门槛，其他竞争者很难轻易复制或打破。对外，科创领导者凭借技术声誉树立企业创新形象；对内，科创领导者的技术话语权有助于形成专家性权威，增强团队信心和凝聚力。商汤科技汤晓鸥教授就是一个典型的例子。作为麻省理工学院博士、香港中文大学教授，在创办商汤科技前，汤晓鸥已在图像识别领域深耕三十余年，拥有两百多篇国际顶会顶刊的论文。他不仅在科研和专利成果方面建树颇丰，更一手组建了商汤科技举世瞩目的豪华团队——包括40位教授、250位博士和3593名科学家。汤晓鸥作为创始人在团队内享有极高威望，这支团队也因其强大的原始创新能力被顶级投资人看好。

科学悟性赋能创新革命。科创领导者的学术背景意味着他们常年与先进的科技成果打交道。这种特殊经历让他们能敏锐感知并快速理解新事物、新科技。对科学和技术发展前景的深度理解，让他们不仅能够更容易地把握企业技术未来的发展方向，也能够开发出更切合时代的产品或服务。例如，相较于传统企业，科创企业可以更快构建数字化供应链，成功构建云原生的产品开发环境，理解和大力支持商务智能系统建设等，字节跳动的飞书就是很好的例证。由此可见，当"数字"已经变成经济社会中无法回避的概念时，领导者对科技的敏感度和前瞻性的思维模式对企业的产品创新和长远发展至关重要。

在大数据、人工智能、云计算等技术逐渐为人们熟知的今天，受过系统性的高等教育、具有强大的知识储备和学习能力越来越成为创业者的重要特征和必然要求。毋庸置疑，科创领导者不仅能够通过技术专利、专业领域洞见和话语权构建起企业的核心竞争力，还能够运用较强的学习力和理解力更好地适应时代发展，赋能企业创新。

劣势：商战新人，管理失速

然而，领导力不同于技术或科学研究，不存在最优解决路径，而是科学与艺术的融合。笔者调研了大量科创企业的失败案例及背后原因、部分企业在创业过程中遇到的挫折与问题，并通过对科学家与企业家的工作环境及个人特质的对比，总结出了技术领导者的五个方面的痛点（见图2）。

图2 科创领导者的劣势

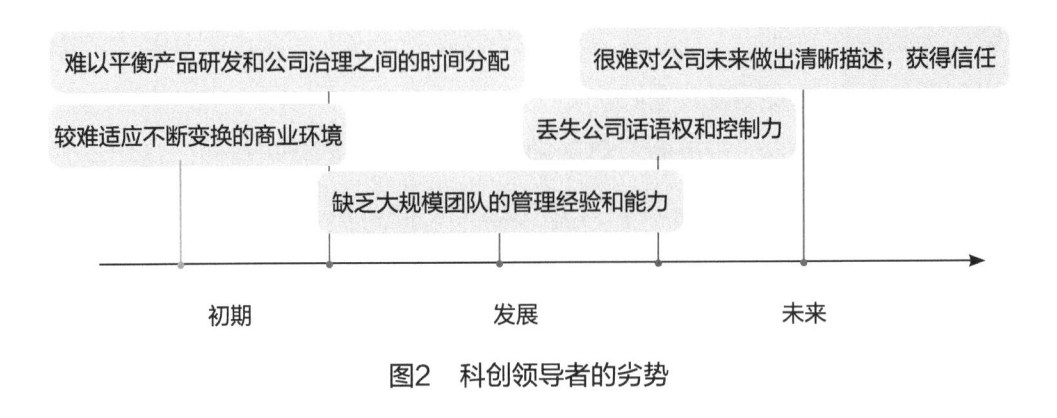

第一，较难适应不断变换的商业环境。

相较于商业环境，科创领导者熟悉的科研环境比较稳定。当前VUCA时代下商业环境更是充满了不确定性，很多科学家难以适应，在此折戟。这种情形从1985年苹果出现的状况就可窥见一斑。苹果与微软在图形软件领域的激烈竞争对领导者的身心形成严峻的考验。在此情景之下，苹果公司的创始人之一沃兹尼亚克辞去了在苹果公司的全职工作，重新做回一个纯粹的工程师。在中国也有类似的情况。成立于2017年的中科闻歌是一家专注大数据和人工智能的初创企业，孵化于中国科学院自动化研究所。董事长王磊坦言："团队内有不少科学家发现自己并不适合创业，把技术送出门后，转身又回到象牙塔。"

第二，难以平衡研发和市场的资源分配。

科学家习惯于将大部分时间投入在科研上，为了追求真理苛求细节，不断打磨；而有些意识到企业文化和市场营销重要性的科创领导者，又难以把握资源倾斜的度。文章开头提到的泽尼菲兹的创始人帕克便是如此。

在软件产品初步推出后,帕克将大量资源投到市场推广和人员招募,却忽视了产品的持续精进和人员资质管理,此外,派对文化在企业内的盛行也导致大量资金的消耗。可以说,产品研发上的懈怠和营销投入的管理失速,帕克在两方面都踩了雷。

科创领导者需要兼顾研发和市场两个方面。研发做到什么阶段进行市场拓展?研发和市场资源(包括资金)如何分配?研发与市场拓展部门的人员的最佳数量比是什么?如何克服已有认知误区,有效运营?这些都是摆在科创领导者面前的难题。一方面,市场拓展是企业实现价值创造的关键环节;另一方面,科技研发是企业发展的原动力。一旦没有把握和平衡好两方内容,很可能得不偿失。

第三,缺乏异质性团队的管理经验和能力。

科学家习惯于管理人员同质的科研团队。业务的熟悉和洞见的深刻让他们在带领科研人员攻关时游刃有余、所向披靡。但是,企业管理不同于科研团队的管理。企业管理的对象具有异质性。人力、市场、销售等人员的思维模式和行为范式都与科研人员有较大差异。让异质性的员工向同一个企业目标迈进,对科创领导者而言,挑战巨大。正如中科闻歌董事长王磊所言:"课题组的管理模式并不适用于企业管理,管理一家几百人的公司是一门课程,我们需要从头学习。"科创领导者已不再是搬砖人(Bricklayer),而是一个团队和组织的设计者、架构师。他们需要了解组织管理的基本原则,以及战略、组织架构、运行模式的整合方式,如此才能够有效地引领异质性团队有机发展。

第四，丧失企业话语权和控制力。

相较于传统企业，科创企业高度依赖人力资本和先进技术，颠覆性技术和智力资源是企业的核心资产。在企业创始初期，拥有技术的科创领导者自然而然地具有决定公司命运的话语权。然而，完成初期融资后，许多科创领导者常常专注于钻研新技术和产品，忽视了对企业话语权的把控，往往推出产品后就失去了公司重大问题决策的控制力。20世纪末，联想的倪柳之争便是其中一个例子。

近年来，随着创投生态的发展，科技公司与投资人理念不合而暴雷的故事也屡见不鲜。投资人与创业团队在目标上本就存在一定分歧，而科创的高技术属性让遇到一个深入了解技术且与公司共同发展的投资人难上加难。随着科创领导者对企业把控力的下降，科创企业后续发展中因投资人主控发展而导致企业崩盘的情况比比皆是。2019年破产的雷尔（Layer）原本是一家提供高质量即时通信服务的科技公司，产品一推出即受到投资人的追捧。然而，随着话语权的转移，创始人很快便尝到了苦果：投资人进场不久，公司在其压力下快速拓展市场，不得不与市场巨头竞争，新生的雷尔可靠性还有待检验，因此最终在竞争中走向灭亡。

第五，难以兼顾各种利益相关者的需求，获取信任。

很多科学家都是脚踏实地的实干家，具有严谨、专业、认真的优良品格，但进入商场有些时候需要科创领导者敢想、敢做、敢表达。他们不仅要处理好公司内部的治理难题，更需要同外部利益相关者如顾客、投资人、供应商、金融机构等沟通协调，平衡利益关系。科创界流传较广的一个案例来自展讯芯片陈大同的自述——展讯研发出64kps的芯片时认为其无法体现公司技术水平，转而研究更加高端的256kps双声道，结果研发到一半，市场便被其他企业的32kps芯片占领。除却最直接影响到的顾客市场，精益求精也会与期望快速发展变现的投资者利益相冲突，需要科创企业家尤其注意。

由此可见，科创领导者即便拥有科技带来的优势，也要面对外部商业环境、内部资源分配、组织管理、领导与沟通等方面的挑战，很容易因为缺乏相关知识、心态和能力而折戟。科创领导者想要在此迷局中披荆斩棘、探出通路，亟须有效转变。

能力培养：转变与破局的可能路径

迷局当前，科学家应当如何破局？笔者深知，科创领导者仅发挥优势克服劣势，会陷入"头痛医头、脚痛医脚"的窠臼，因此，需要从本源上探讨科创领导者如何转变与破局。诺贝尔经济学奖获得者肯尼斯·阿罗（Kenneth J. Arrow）在他的经典著作《组织的限度》（*The Limits of Organization*）中提出企业家如何有效管理组织以更好地创造价值。在此基础上，管理学家布鲁斯·科格特（Bruce Kogut）和乌多·赞德（Udo Zander）在《组织科学》（*Organization Science*）期刊发表了《公司应该做什么？协调、认同和学习》（*What Do Firms Do? Coordination, Identity, and Learning*）的论文，进一步指出企业的本质以及优秀企业家引领企业发展的着力点。这些经典论著对科创企业家的破局极具指导意义。笔者从这些经典论著出发，综合近年来对科创企业的调研和相关二手资料的分析，提出科创领导者转变与破局的可能路径（见图3）。

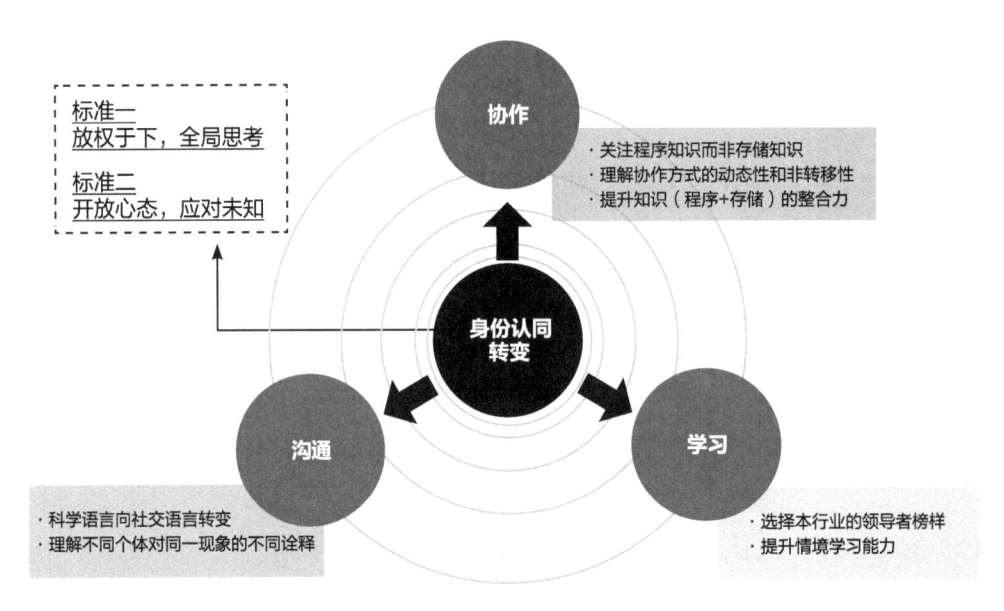

图3 科创领导者的破局密码

核心：身份认同的转变

成为科创领导者，意味着科学家需要从学院模式转变为商界模式。企业领导者与科学家无论是思维模式还是行为范式都有本质性差异。科创领导者只有在心态上完成对身份转变的认同，才能够开启破局之路。身份转变的核心在于科创领导者对"我是谁"和"我要做什么"这两个问题的回答。因此，身份转变成功有两大衡量标准。

标准一：是否放权于下，全局思考。随着经营规模扩大，每一天都有无数的问题纷至沓来，很多问题的广度和复杂程度都难以想象。这时既需要科创领导者有强烈的使命感和源源不断的创业热情，也需要他们站在全局角度，对日常事务进行取舍。科创领导者较强的个人工作能力和技术思维，加之对下属能力的不信任容易触发拒绝授权的倾向。成功的角色转变需要科创领导者调动更多下属的积极热情，并放权于下。

标准二：是否开放心态，应对未知。在VUCA时代，组织环境的易变性和不稳定性大大增加了决策的难度，科创领导者需要更多依赖直觉并且考虑在更多事情上留有缓冲余地，去拥抱和适应一个充满不确定性的环境。成功转变的科创领导者能够突破原有的分析性思维模式，学会敏捷管理以应对变化环境，在决策中对模糊保持容忍。

外延：协作、沟通与学习

社会人格的转变绝非一日之功，延展到社会生活实践中具体来看，科创领导者真正的角色转变，还需要在协作能力（Coordination）、沟通能力（Communication）、学习能力（Learning）三个方面下功夫。

协作能力的提升主要涉及三个方面。

关注程序知识而非存储知识。科学家的学富五车，常常是说存储性知识非常丰富。这是一种抽象的、对于世界和技术的概念性认知。然而，在企业内部协作中，具象的、有关操作流程的程序性知识发挥着关键性作用。领导者不仅要知道是什么（Know-what），更需要对怎么做（Know-how）有清晰概念，方能有效指导下属或者开展协作。因此，科创领导者要适当将知识探索的重心向管理、商业方面的程序性知识偏移，拓宽对世界和周围人的理解。

理解协作方式的动态性和非转移性。在VUCA时代，极大的不确定性要求协作方式要随着环境的变化调整。与此同时，不同情境下的协作方式亦不可生搬硬套，某个场景适用的条件与协作方式，未必适用于其他场景。这一点可以从亚马逊在中国的本土化失败上吸取经验。亚马逊在拓展中国市场时采用了在其他国家实践的人员管理模式，只完成了中低层人员的本土化，高层外派仅给予有限决策权。对于更加强调人情和社会关系的中国市场，这样的人员结构安排显然大大降低了决策的实效性和员工的积极性，亚马逊因此远远落后于其他竞争对手，最终只能黯然退出中国市场。不同国家和不同环境的差异性和协作方式的动态性，需要科创领导者针对不同情境快速反应、随机应变，提出适合当下的有效协作方式。

提升知识（程序知识和存储知识）的整合力。成功的角色转变依赖于科学家站在更高的行业维度洞悉技术的发展趋势，这也要求科创领导者整合程序知识和存储知识，从技术缔造者向行业思考者转型。苹果前首席执行官乔布斯便是一个成功案例。他理解互联网未来的发展趋势，同时深入了解研发团队的运作模式和产品的细节，最终成为一个改变世界的创新领袖。苹果公司员工评价乔布斯说："他在电子学方面很熟练，他有足够的知识能够指导程序员和电子工程师团队。虽然不能自己做出来，但他知道什么是必要的……当他看到一个技术，他就能明白是否有价值。"

沟通能力涉及语言的转变及不同诠释方式的理解。

科学语言向社交语言转变。科创领导者所面临的沟通环境已不再是严谨、专业的科学领域。周围复杂的环境和形形色色的人，让他们认识到社会不再是非黑即白、可以被简单划分的，他们的思想因此变得复杂多元。一方面，科学家需要降低专业领域行话的使用频率，学会用更加通俗、接地气的语言与没有相关知识或者学科背景的人交流，增进他人对于自身的理解和信任；另一方面，需要转换思维模式和语言表达逻辑，例如以幽默、委婉的方式替代长篇大论，使用眼神、表情及适当的肢体语言等。

理解不同个体对同一现象的不同诠释。不同的人对世界的理解和阐释可能大相径庭，这也就是我们常说的"一千个人有一千个哈姆雷特"。放在企业的语境里来讲，财务会计部门和产品营销部门在汇报和叙述的方式上可能有显著差异，因为一个浸淫在更为实际的数字和条目之中，而另一个需要更关注市场和形成创意性的设计。不同的思维模式让人们有不同的解决问题的手段和市场应用的原则。这就要求领导者能够适时转换思维，理解可能存在的矛盾与冲突，更好地做出实践决策。当科创领导者不再是单纯的个人贡献者，需要与企业内外部各个利益相关者沟通交流时，理解并包容个体差异性就变得尤为重要。

学习能力可以从选择榜样和提升情景学习能力两个方面入手。

选择本行业的领导者榜样。一般而言，在创业伊始，创业者都对个人未来发展有所期许。他们必须首先找到自己在行业中的目标人物（Role Model），才能拥有前进的动力和方向。这个人物可以是行业中具有非凡成就的前辈，也可以是创业者自己非常钦佩的人物。这些榜样一方面能够帮助科创领导者树立起对公司未来清晰的发展愿景，另一方面也能帮助他们打开格局、提升人格魅力。被称为"雷布斯"的小米首席执行官雷军就是一个典型例子。雷军大学时期便受《硅谷之火》中的创业故事影响，联合同学创立三色公司。2010年小米成立后，从小米手机的简约设计理念，或者雷军个人在发布会上卓越的演讲能力，都可以窥见中国"Apple"的风采。在公司管理和经营理念上，他以行业前辈柳传志为榜样；而他的创业经历，则受到乔布斯"要做出一番事业"的激励。在行业领袖的指引下，小米走出了一条既精彩又有独创性的道路。

提升情境学习能力。科创领导者曾经的知识来源大多是教材、文献等结构化的材料，理解存乎一心。但很多经营日常中的隐性、非结构化的知识要求科创领导者学会从实际情境中学习，需要不断地自我总结和提升。此外，情境学习也指领导者和员工、合作伙伴等在同一情境中相互学习、共同学习，形成组织内的学习闭环，营造积极向上、和谐进取的企业文化。作为科创企业投资者的联想创投首席执行官，贺志强通过时刻提问获取信息，就连市中心的商场客流量不大，他也会追问原因。这是他重要的情境学习方式。他要的不只是答案，还要拷问对方思考的逻辑："你的逻辑是什么？思考是什么？最后怎么产出这个结果？"在他看来，充分多的问题被条分缕析，就能渐渐剥开表面的干扰项，抓住藏在底下的核心问题。这种习惯极大地充实了他的信息量，进一步增强了作为一个科技创投圈创业者的判断力。成立至今，联想创投已投出宁德时代、旷视科技、乐逗游戏、寒武纪、蔚来、每日优鲜等十多家独角兽企业。

结　　语

当前时代，科创已然成为不可逆转的潮流趋势。科学与领导力，看似孤立的两个领域因此有了深层的内在联系，正如马克思所言："自然科学往后将包括关于人的科学，正像关于人的科学包括自然科学一样——这将是一门科学。"由此可见，科创领导者所需要面临的角色转换问题，其本质是从对左脑的绝对偏重到开发右脑以至二者平衡的思维转换。因此，科创领导者在创业的过程中，要关注身份认同的转变，将协作、沟通与学习作为抓手，促进能力培养，实现转变与破局，最终真正迈向商业成功和实现个人成就。

给予：在践行SDGs进程中实现茁壮成长

金珺　刘炬

面对当下全球性新挑战和新竞争格局，我国企业如何抓住百年未有之大变局？如何通过实现SDGs来促进自身蓬勃发展和可持续发展？同时，企业如何为我国助力联合国实现SDGs添砖加瓦？这些都是亟须我国企业解决的问题。

在2000年联合国会议提出的八个千年发展目标成功基础上，2016年联合国开始实施在2015年9月联合国发展峰会上通过的《联合国2030年可持续发展议程》。该议程包含了我们通常所说的17个联合国2030可持续发展目标（Sustainable Development Goals，以下简称SDGs）。联合国SDGs的提出旨在促进各联合国成员国与私营企业和民间团体合作，寻求一个对当代及后代而言可持续的发展模式，力求到2030年消除贫困，解决不平等和气候变化的问题。2020年新冠疫情全球暴发后，面对疫情危机和疫情后全球各国经济复苏的挑战，以及全球多地冲突带来的影响，SDGs的实现仍面临不平等、贫困、气候变化、地区冲突等新威胁和新挑战。

新威胁和新挑战也意味着机会的存在。投资可持续发展的包容性创新和经济为实现共同富裕创造了重大机遇。我们可以采用政治、技术和财务方面的解决方案和变革手段实现SDGs，但这需要发挥更强的领导力，并推动实施迅速、前所未有的变革。作为联合国安理会常任理事国，在百年未有之大变局下，中国为联合国SDGs实现做出贡献，是我国作为负责任大国、发挥全球领导力的机会，而这需要我国千千万万企业、组织和个人的共同努力。

在国际产业和商业竞争中，成为联合国契约成员，实施融合了SDGs的企业战略，已经是一些企业在产业竞争中凝聚竞争优势的一种重要形式。我国已经有越来越多的企业履行企业社会责任，实施双碳战略，但是大多数企业还未将SDGs融入血液中，还未如国外跨国企业那样发挥其重要的战略作用。那么，面对当下全球性新挑战和新竞争格局，我国企业如

给予：在践行SDGs进程中实现茁壮成长

何抓住百年未有之大变局？面对全球经济不景气，如何不让践行SDGs成为企业负担？企业如何通过实现SDGs来促进自身的蓬勃发展和可持续发展？企业如何为我国SDGs的实现添砖加瓦，发挥作用？这些都是亟须解决的问题。

SDGs融入企业发展的重要性和必要性

SDGs的相互关系

联合国2030年17个SDGs：无贫穷；零饥饿；良好健康与福祉；优质教育；性别平等；清洁饮水和卫生设施；经济适用的清洁能源；体面工作和经济增长；产业、创新和基础设施；减少不平等；可持续城市和社区；负责任消费和生产；气候行动；水下生物；陆地生物；和平、正义与强大机构；促进目标实现的伙伴关系。17个SDGs强调了消除贫困与经济发展和保护环境的相互影响和协同发展的关系，也强调了实现目标的机制和手段。在合作及机构建设的实现体制基础上，SDGs要求所有组织的活动都要兼顾社会、经济和环境的三重底线，如图1所示。

现实社会经济活动中，每个目标并不如图1显示的那么有绝对的社会、经济和环境单一对应关系。SDGs中的大部分目标在实现中同时展现了企业对社会、经济和环境绩效的多重考虑，是企业整体行为的实践结果。此外，企业战略同时促进SDGs中多个目标的实现。各个目标相互影响，相互促进。例如，由于需要经济行为去实现，清洁饮水和卫生设施

（目标6）不仅跟环境相关，也跟人们的日常生活紧密相关。对于欠发达地区，清洁饮水和卫生设施（目标6）的实现往往能给当地人带去良好健康与福祉（目标3），也会助力当地人实现无贫穷（目标1）和零饥饿（目标2）的目标。以联合利华在印度的商业实践活动为例。联合利华印度公司推出的"萨克提阿妈"（shakti ammas）项目（也被称为"超级妈妈"或"力量项目"）不仅宣传卫生实践经验，改变卫生习惯，而且给当地妇女提供了就业机会，增加家庭收入。这个项目是联合利华可持续发展项目的一部分内容。

实现体制
和平、正义与强大机构（目标16）； 促进目标实现的伙伴关系（目标17）

社 会	经 济	环 境
优质教育（目标4） 性别平等（目标5） 减少不平等（目标10） 无贫穷（目标1） 零饥饿（目标2） 良好健康与福祉（目标3）	体面工作和经济增长（目标8） 产业、创新和基础设施（目标9） 经济适用的清洁能源（目标7） 负责任消费和生产（目标12）	清洁饮水和卫生设施（目标6） 可持续城市和社区（目标11） 气候行动（目标13） 水下生物（目标14） 陆地生物（目标15）

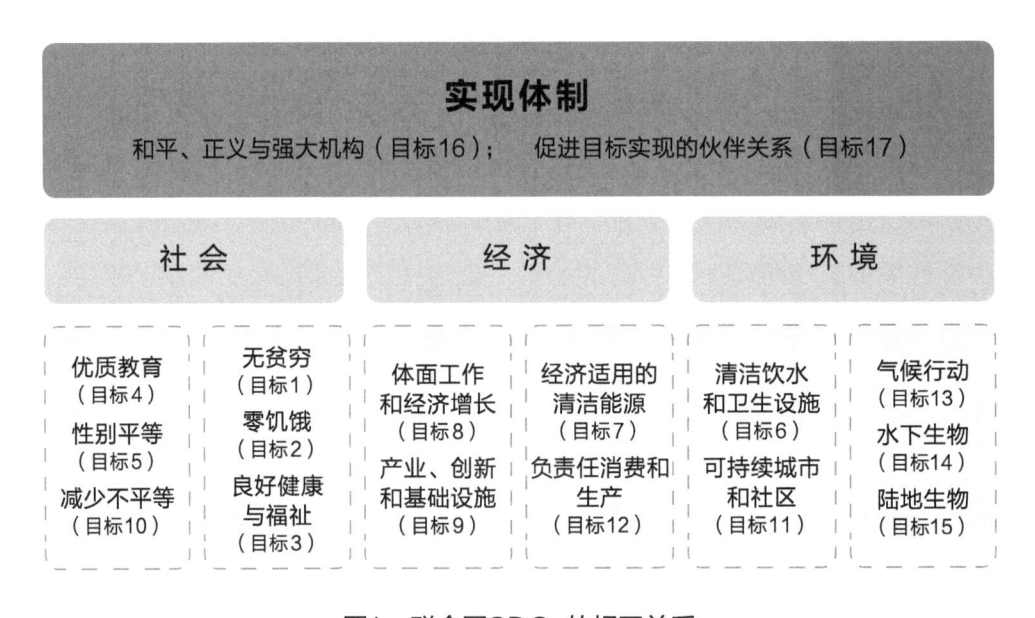

图1　联合国SDGs的相互关系

SDGs是我国发展使命的具体体现

SDGs与社会、经济和环境及机制的关系与我国的共同富裕、新发展理念、高质量发展以及碳达峰碳中和等国家发展使命紧密相关，可以被认为是我国国家发展使命的具体表现。

2021年8月17日，习近平在中央财经委员会第十次会议上强调，"共同富裕是社会主义的本质要求，是中国式现代化的重要特征，要坚持以人民为中心的发展思想，在高质量发展中促进共同富裕"。人民群众物质生活和精神生活都富裕是共同富裕的核心。贯彻新发展理念是新时代我国发展壮大，实现高质量发展和共同富裕的必由之路。新发展理念强调创新发展、协调发展、绿色发展、开放发展和共享发展。在高质量发展过程中，我国企业需要通过能源转型、减污降碳、绿色创新等手段实现碳达峰碳中和目标，保障生物多样性。我国这几个重要发展使命的内涵表明SDGs可以作为指标来评价我国使命的实现情况，同时，SDGs中的目标16和目标17是实现机制的重要环节，如表1所示。SDGs所有目标的实现也是贯彻新发展理念的一种体现。简言之，联合国SDGs与我国发展使命一致，是我国发展使命的具象化，可被采纳作为评价体系的一部分，用来衡量我国共同富裕、高质量发展等情况。

所以，SDGs可以融入企业发展战略，助力企业高质量可持续发展。致力于SDGs的实现不仅是一种发展趋势，而且是国家发展所期望和激励的企业行为。对于政府机构而言，使用SDGs不仅可以更好地向国际社会和国外机构解释我国的发展目标，而且还可以较为客观地评价不同地区的国家使命实现和发展情况，更好促进企业的参与，加强与大众的有效沟通。

表1 SDGs与我国发展使命的具体表现

中国发展使命	作为评价指标的SDGs	实现机制
共同富裕	• 无贫穷（目标1） • 零饥饿（目标2） • 良好健康与福祉（目标3） • 优质教育（目标4） • 性别平等（目标5） • 清洁饮水和卫生设施（目标6） • 经济适用的清洁能源（目标7） • 体面工作和经济增长（目标8） • 产业、创新和基础设施（目标9） • 减少不平等（目标10） • 可持续城市和社区（目标11） • 负责任消费和生产（目标12）	• 体面工作和经济增长（目标8） • 产业、创新和基础设施（目标9） • 负责任消费和生产（目标12） • 和平、正义与强大机构（目标16） • 促进目标实现的伙伴关系（目标17） • 新发展理念
高质量发展	• 体面工作和经济增长（目标8） • 产业、创新和基础设施（目标9） • 减少不平等（目标10） • 可持续城市和社区（目标11） • 负责任消费和生产（目标12）	• 和平、正义与强大机构（目标16） • 促进目标实现的伙伴关系（目标17） • 新发展理念
碳达峰碳中和	• 可持续城市和社区（目标11） • 负责任消费和生产（目标12） • 气候行动（目标13） • 水下生物（目标14） • 陆地生物（目标15）	• 和平、正义与强大机构（目标16） • 促进目标实现的伙伴关系（目标17） • 新发展理念

中国企业面对的SDGs方面的国际挑战

随着越来越多跨国企业实施可持续发展战略，不同产业的可持续发展

给予：在践行SDGs进程中实现茁壮成长

联盟陆续成立。虽然企业绩效仍是企业竞争和发展的重要指标，但是产业竞争的核心和竞争范式已发生变化，是否致力于SDGs及其所取得的成就成为影响企业竞争力和市场地位的重要因素。对大部分企业而言，更需要关注的是不践行SDGs可能带来的负面影响，如影响企业的市场形象和国际形象，还可能影响新创企业上市，甚至可能影响我国作为负责任大国的形象。例如，我国某鞋厂曾经出现过因使用劣质胶水影响生产环境和生产工人身体健康、影响消费者的健康而被禁止出口欧洲的情况，改善以后，我国生产的鞋类产品才得以重新出口欧洲。

SDGs已经成为一种非关税、非政府、非法律限定的新要求。许多企业联合参与和促进可持续发展的非政府组织和非营利组织，参与设计可持续发展自愿认证体系。这些全球企业可持续发展自愿认证体系给我国企业在国际市场提升自身地位及自主进行可持续发展方面带来两大挑战。

第一，以违反可持续发展自愿认证体系为借口可以限制我国企业的商业行为和国际业务开展。行业上下游企业自行决定是否参与和采用可持续发展自愿认证体系。一旦参加，企业的一些行为就受这些认证体系标准的约束；如果不参与，企业可能被排除在认证体系供应商名单外。而且作为企业自愿采取的商业行为，基于可持续发展自愿认证体系而被取消订单等商业行为不被视为违反WTO原则或中国法规，无法应用WTO争端解决机制或国家规制进行干预。例如，2021年新疆棉事件中，一些良好棉花发展协会成员企业取消订单的行为没有受到实质性制裁。此外，大企业或直接面向消费者的企业，由于被取消此类认证而承受社会压力，从而影响企业经营，如宜家在2014年前被森林管理委员会取消认证标记而承受强大的社会压力。

第二，由于路径依赖性的存在，已有可持续发展自愿认证体系的先发优势可能是我国企业成为国际领先者的阻碍。在实现SDGs的进程中，企业特别是大企业发挥重要作用。随着参与企业数量的增加，可持续发展自愿认证体系包含的标准会成为一些非政府机构设定的商业规范。这些商业规范会强化参与标准创建的企业在全球产业链中的主导地位和掌控能力，提升其行业影响力。当这些商业规范的主要内容成为行业主导性商业规范时，由于SDGs的核心含义较为固定，之后提出的可持续发展体系或可持续发展行为规范就会受原有体系的束缚，阻碍其他企业的自主发展。例如，在家具行业，很难形成能与可再生林项目相抗衡的类似主题的新认证体系或标准。

SDGs促进企业成长策略和实现路径

一家企业不可能践行SDGs的每个目标，但是从企业存在的目的或使命，到企业的经济目标和战略，从企业组织管理、组织行为和战略实施，到企业可持续发展的基础，SDGs的每个目标都与企业/行业发展紧密相关。企业活动能同时体现SDGs中的多个目标。企业需要构建可持续发展战略，并将其融入企业战略和商业行为中。

SDGs助力企业竞争力提升的主要策略

SDGs可以成为战略的一部分，但是不同企业可以采取不同的策略去实现SDGs，并以此促进企业的发展和竞争力的提升。综合考虑SDGs与企业战略融合程度及SDGs在企业发展及行业发展中的作用，企业通过实现SDGs来实现竞争力提升和健康发展的主要策略可以概括为四种。

策略一：创业使命。德鲁克认为，任何一个组织能够从社会问题和公众需求中寻找到市场机会并转化为自身的创业机会和成就。SDGs中多个目标的实现均可视为一些行业的创业机会。例如，第一产业的新创企业，可以将无贫穷（目标1）和零饥饿（目标2）作为企业创立和发展使命；能源企业特别是风光电的新能源企业，可以将经济适用的清洁能源（目标7）的实现作为其创立和发展的核心使命之一。赶街和闻元科技等许多为了新农村发展而创立的农村电商平台企业从创立之初就在为无贫穷（目标1）、体面工作和经济增长（目标8）、产业、创新和基础设施（目标9）和减少不平等（目标10）等而努力。

策略二：定点突破。企业从自身优势资源和能力出发，将SDGs中的某个或某几个目标作为可持续发展工作的重点和突破点，形成新的创新和发展模式，并凝结成为企业独特的竞争优势，提升企业形象。例如，中天集团从自身的能力和资源出发，以设计、建设和管理近零能耗高层住宅为抓手，以可持续城市和社区（目标11）以及负责任消费和生产（目标12）作为SDGs战略的突破点；蚂蚁森林成功创造了一种新的可持续发展实现模式，提升了蚂蚁集团在可持续发展和低碳领域的社会形象和地位；鉴于材料（如从鲜花或化学品到最终的食用或药用的香精香料）在公司发展中的重要性以及材料对环境的影响，国际香精香料公司的重点是材料的可持续发展和评价，秉承绿色化学原则，其SDGs战略的核心是负责任消费和生产（目标12）、陆地生物（目标15）、气候行动（目标13）以及与公司治理相关的性别平等（目标5）与和平、正义与强大机构（目标16）。

策略三：全面融入。企业将SDGs全面融入战略，通过企业发展指标助力SDGs的实现。越来越多行业的领先企业成立可持续发展管理部门和治理体系，并制定清晰明确的可持续发展战略目标。这种策略不仅让企业成为行业在可持续发展相关目标的国际标杆，而且巩固了行业地位。例如，2022年腾讯成立"可持续社会价值创新事业部"，明确可持续发展目标是腾讯组织发展的首要目标；联合利华的使命是"让可持续生活成为常态"，2010年联合利华开始启动"联合利华可持续行动计划"；金风科技制定可持续发展战略目标。

策略四：联盟准则。非政府组织或非营利性机构会与行业领先企业合作构建与SDGs相关的行业联盟或标准，促进SDGs在行业层面的实现。如上所述，领先企业也会通过这类组织和商业准则影响其他企业的发展。可持续发展时装认证体系、森林管理委员会（FSC）认证体系、良好棉花发展协会（BCI）认证体系、美国环境工作组（EWG）认证等都在国际上有较强的行业影响力，聚集了行业主要龙头企业。例如，宜家等许多家具企业均加入了旨在促进负责任的森林经营的森林管理委员会认证体系，而耐克等品牌则参加了时尚循环发展计划，旨在通过回收原材料和产品来减少全球时尚行业的浪费。

给予：在践行SDGs进程中实现茁壮成长

  这四种策略是一个并存且递进发展的关系。例如，隆基绿能和金风科技的创立与经济适用的清洁能源（目标7）紧密相关，也就是策略一。之后，实现SDGs成为这两家公司的发展战略内容，也就是策略三。金风科技公司制定了清晰的可持续发展战略目标，企业的每项活动均会为SDGs的实现做出贡献（见图2）。每种策略中企业需要组织和整合的外部资源不同，需要不同层级的利益相关者参与其中。实现SDGs的策略和措施可以成为企业发展战略的一部分，形成企业的竞争优势；而且在SDGs的实现进程中，企业必将展现自己的EHS（Environment、Health、Safety，环境、健康、安全）成就和企业社会责任。

金风科技可持续发展战略规划目标

- **诚信合规经营**
  - 持续完善公司治理及合规管理体系，提升公司治理水平
  - 营造廉洁自律依法合规文化

- **绿色环保运营**
  - 2025年，万元营业收入温室气体排放比2020年降低25%
  - 2025年，生产单位MW风机危险废弃物产生量比2020年降低20%
  - 2025年，万元营业收入综合能耗比2020年降低20%
  - 2025年，生产经营用水密度比2020年降低15%
  - 2022年，实现运营层面（范围1和范围2）的碳中和

- **可持续风电产业链**
  - 2023年，风力发电机组主要零部件供应商（制造类）社会责任审核率100%
  - 2025年，主要供应商生产金风产品绿电使用比例达到100%
  - 2024年，实现风机100%回收再利用

- **公平健康工作环境**
  - 在内部塑造多元、平等、包容的工作环境
  - 2023年，健康管理工作覆盖公司全体员工

- **和谐社区关系**
  - 2023年，金风志愿者人数达到5,000，志愿者投入小时数达到6,000
  - 2025年，建设至少10个青少年科普实践基地

图2 金风科技可持续发展战略规划目标

企业践行SDGs的决策路线图

企业将SDGs融入企业战略中的前提条件是企业合规。在这基础上，企业的SDGs战略决策和目标实现从战略规划、实现体系建设到战略融合持续改进，逐步推进（见图3）。在这个过程中，企业特别需要关注以下三个重点方面。

SDGs战略规划
建立可持续发展愿景和战略
- 国际以及行业的与SDGs目标相关的合规要求分析
- 企业行为与SDGs目标关联度分析（企业及同行）
- 行业SDGs认证体系和发展趋势分析

SDGs实现体系建设
确定SDGs实施目标和行动优先级
- SDGs目标实现的优先级确定
- SDGs目标实现线路图构建
- 行动方案和实施体系设计
- 目标评估和传达

SDGs战略执行
融合企业战略，持续改进
- SDGs目标实现，促进企业发展
- SDGs价值网络建设
- SDGs与所有战略深度融合的企业新战略体系构建
- 绩效分析，持续创新与变革

图3 企业SDG战略决策和目标实现路线

第一，企业行为与SDGs关联度分析。企业对其所有行为和每个业务环节进行细化和解剖（包括企业的慈善行为、社会责任行为），并从企业产品和生产的全生命周期（包括产品设计、原材料到生产再到使用后回收的所有环节），从员工到消费者，寻找每个行为可能对应的SDGs。企业开始践行SDGs时，不需要考虑全部目标，只要从与所处行业和自身发展相关的目标着手，依托自身能力和资源，不断深化SDGs的践行能力，同时警惕新技术应用可能带来的可持续发展新问题。例如，数字技术和人工智能技术的应用及物流快速发展反而使得亚马逊平台的仓储工人工作环境欠佳，为其服务的物流平台司机面临薪酬降低及健康、安全和社保等新问题。

第二，确定SDGs优先级。企业可以从两个方面确定SDGs优先级。一方面，根据SDGs实现的紧迫性，确定目标实现的先后顺序。紧迫性指的是按法律法规，立即投身SDGs的某个目标对企业的必要性。如果SDGs的某个目标是法规条款规定的，其紧迫性就比较高。例如，由于欧洲国家非常强调性别平等，因此欧洲企业（如飞利浦公司）制定了中高领导层某个女性比例的实现时间表。另一方面，综合考虑SDGs的实现难易度及SDGs的价值曲线，进一步确定SDGs实现的优先级。难易度是指，企业是否有足够的资源和能力或有能力去获得资源以实现SDGs，以及实现SDGs所需资源和能力的满足程度及难易度。价值曲线是分析企业每个主要行为在融入SDGs后带来的价值影响，不仅包括直接经济价值，还包括如形象提升等间接经济价值。例如，巴塔哥尼亚公司虽然不如耐克知名，但是该公司通过积极参加和推广有机棉花生产认证及对客户的可持续发展行为要求等提升了其在行业中的影响力和个性化品牌地位。

第三，在SDGs的实现中促进其与战略全面的深度融合。首先，企业成立专门的可持续发展治理部门，统管和协同可持续发展战略目标。其次，基于价值链模型和全生命周期评价体系，借鉴前面提及的四种策略，企业可以逐步将SDGs深入融合每项活动中。再次，制定SDGs评价指标，便于企业进行SDGs战略的管理、评价和深化，并在践行SDGs的进程中实现企业的战略转型和组织转型。最后，以人人参与、内外协作作为实践理念，企业不断构建和扩大SDGs价值网络。例如，金风科技提出的企业的

管理瞭望．《清华管理评论》2022年文章精选

可持续发展目标与企业考核指标和发展目标相对应；宜家制定了SDGs战略，每年发布宜家的可持续发展报告；施耐德公司制定了融合所有SDGs的公司可持续发展战略，在推广企业自身经验和研究成果过程中，形成新部门，提供新服务。

概而言之，在SDGs战略决策过程中，企业通常可以先从自身业务的某一点出发，从突出竞争优势出发，从热爱出发，将SDGs融入战略，并适时调整战略，进而影响其他上下游企业，推动整个产业共同为SDGs的实现而努力。当企业将SDGs融入战略时，不能孤立看待某个目标的实现，而要将多个目标联合在一起，从整个产业和产业链发展出发，动态地完善可持续发展战略决策和目标实现的路线。

SDGs实施与企业变革之间的关系概况如图4所示。SDGs实现的进程能促进企业发展，也能促进企业变革和能力建设。在实施SDGs的进程中，企业会形成新的价值理念，会逐渐将SDGs融入企业使命和目标中，成为企业的DNA。为此，企业的组织文化、使命等将发生变化。为了更好地实施SDGs，企业可能有新的组织单元，调整企业架构，如

图4 企业SDGs实施与企业变革的相互关系

增加女性管理者的比例。这又影响企业的文化和企业管理。企业变革则进一步促进企业践行SDGs。也就是说，企业实施SDGs的部分目标，然后将SDGs融入企业战略，最终带来企业变革。企业变革之后，会更有效地实施SDGs，使SDGs的实现促进企业发展，从而形成一个良好的SDGs与企业发展的协同关系（见图5）。在这个协同演进过程中，能力建设是关键一环。没有足够的资源和能力，图4和图5的协同演化就无法实现。因此，SDGs的实现与企业的能力建设同样形成协同演化的关系。

图5　融合SDGs的企业战略与企业可持续健康发展的相互协同演化

SDGs促进企业发展和变革的实施建议

SDGs是我国发展使命的具体体现。因此，在践行SDGs促进企业发展和变革的过程中，我国企业需要以国家发展使命为导向，内外协同，在做遵纪守法的社会公民的基础上，及时行动，形成先发优势，并展开全员参与，在合作中实现共赢。

及时行动，先发优势。如图3所示的路线，每家企业从自身出发，从力所能及之处开始，参与实现SDGs某些目标的具体实践中。SDGs的践行虽然是一个渐进的过程，但是对企业而言，也是一个发展机遇。SDGs实施行为和战略与所有创新和战略一样，存在先发优势，用户对于先行者的SDGs产品和服务有路径依赖性。所以，即使只能践行SDGs的某个或某几个目标，企业也必须及早参与，尽可能提升企业在SDGs实践中的参与感和领先性。

全员参与，合作共赢。SDGs的任何一个目标都不是任何一个国家、任何一个机构或者个人可以独立完成的，需要全球所有成员的参与。企业和各类组织必须保持开放，与所有利益相关者一起努力，广泛协同，致力于推动SDGs的实现。例如，可降解塑料袋和有机棉产品在瑞典的流行和推广，除了企业在产品和技术方面的创新、开发、生产和销售之外，更重要的一个因素是瑞典消费者环保意识的提升而更倾向环境友好产品的顾客行为偏好的激励和形成的市场需求。简言之，企业需要上下协同，内外兼修，企业所有利益相关者、价值网络参与者和企业内部员工一起参与，共同努力，创建一个较好的围绕可持续发展目标的创新生态系统（简称SDGs生态系统），让SDGs潜移默化地成为生活和社会中的一部分，让所有人和所有机构对此习以为常。

结语：为善最乐 行稳致远

企业需要将可持续发展问题转化为企业发展机遇，在满足SDGs的同时建立企业提升可持续发展能力的新方式。SDGs已经成为企业和地区产业竞争优势的体现，影响企业和产业的国际地位。SDGs实现战略是企业价值观的体现，能提升企业的品牌价值。为了激励企业积极参与SDGs，政府需要构建良好的可持续发展治理体系，体现透明公开、大众参与、有责任、以共同意愿为导向、依法行事、公平全面、高效快捷等，并强调SDGs实现机制作为统一体的作用。

致力于SDGs实现不是给企业增加负担，而是让企业更有竞争力。企业践行SDGs时，需要有效利用各类政策，增强企业战略与国家发展战略及企业不同战略间的协同融合，推进SDGs与企业战略融合；提升全员对可持续发展的认知和参与度，提高顾客、供应商等外部利益相关者的参与度和积极性，构建和完善SDGs生态系统；实施有效的知识管理和组织管理，提升促进SDGs实现的创新能力和学习能力，促进SDGs的实践和企业发展的相辅相成。

科技有助于SDGs的实现，但前提条件是科技向善，否则会让我们与平等、体面工作等目标渐行渐远。在践行SDGs的过程中，我们需要让可持续发展成为一种自发行为，量力而行，循序渐进。企业内外部同时实现可持续发展，不能让实现SDGs的行动流于形式，不能让可持续发展成为皇帝的新装。

在后疫情时代，企业需要秉承为善最乐，在践行SDGs过程中茁壮成长，行稳致远，实现天下大同，建设人类命运共同体。

企业知识生态系统的培育与持续演进

王钦

面对外部环境不确定性的增强，面对技术经济范式的大变革，企业为了实现持续成长，需要解决企业知识时效性这个关键问题。为解决这一问题，需要重新认识企业的边界，培育企业知识生态系统，并使其持续演进。

面对外部环境不确定性的增强，企业知识的时效性问题再一次进入人们的视野，尤其是技术。

经济范式的大变革下，企业既有的知识在加速贬值。企业何以能够持续成长的问题萦绕在企业管理者的心头。从知识基础观出发，企业拥有的知识决定了企业的边界。但是，如果假定企业知识创造的边界是既定的，恐怕就很难对上述问题做出有效回应。因此，我们重新思考"人—组织—环境"之间的关系，用知识生态系统观重新认识企业的边界和企业知识创造活动的特征和基本规律。

企业边界的再认识

随着数字技术的加速应用，数字技术之于企业已经超越了数据化阶段，进入数字化进程中。其中，最大的特点就是用数字技术改造实体世界，给客户呈现出一个原子和比特融合的世界。当下，如果企业不是数字和物理世界融合的存在，那么它的价值就会大打折扣。同时，这就提出一个问题：在新的存在状态下，如何认识企业的边界？

静态与动态

在传统的竞争战略视角下，修建深深的护城河，自己培育核心知识和能力，成为对企业边界的基本思考。在这样的视角下，基本假定企业的边界是静态的，有关核心知识创造和能力提升的活动主要是自身独立完成的。事实上，这样一种战略思维，在外部环境的不确定性相对较低、变化速度较慢的情境下是适用的。如果用S曲线进行描述，它基本是在一条曲线内部进行战略选择。

但是，当发生S曲线的跃迁，或者说行业格局重塑时，上面谈到的战略思维就会遇到巨大的甚至是颠覆性的挑战。面对不确定的外部环境，特别是当不确定性成为常态时，所有企业都陷入未知中，知识创造和应用很难由企业单独完成。如何在不确定之中共同寻找确定呢？这就需要超越企业边界"静态"的观念，树立企业边界"动态"的观念。与更多、更广泛甚至是不相关联的企业或组织建立连接，进行持续互动，实现企业边界的进化，共同完成知识创造。实际上，在"动态"企业边界的语境下，"边界"一词已经不是名词，而是动词。

内部与外部

依托企业内部已有资源，进行知识创造和积累，并进一步完成对已有知识的利用，这是很多企业的惯常做法。由于知识创造和应用具有专业性，协调工作就有更大的难度。因此，哪一家企业能够更好、更快、更高效地对知识创造和应用活动进行内部协调，就能够获得竞争优势。在这一情境下，知识创造和应用更多强调的是内部的专业化协调。

当外部环境的不确定性增加时，仅仅通过内部协调实现知识创造和应用，很难跟上环境变化的速度，知识创造和应用的"时效困境"就凸显出来。在这一情境下，企业往往表现为不能适应外部环境的变化，或者一段时期能够适应，但接下来又落后了。一些企业很无奈地表示："不是我们不努力，确实是这个时代变化快。"此时，在内部有效协调的同时，企业要积极主动采取外部协调的方式，吸引更多的互补方，从内部走向外部，打破企业固有边界，以生态组织的方式，通过内外一体，共同实现知识创造和应用，如此才能够有效破解"时效困境"。

自上而下与自下而上

打破企业固有边界，以生态组织的方式构建知识生态系统，吸引更多互补方参与，共同实现知识创造和应用。那么，问题又来了，如何打破？谁来打破？是否仅依靠企业自上而下的力量就能够实现呢？在"知识生态系统"的语境下，知识创造和应用更具有能动性，包括个人、组织和制度的能动性。个人具有参与知识创造的机会和主动性；组织能够为能动性的发挥提供条件，消除阻碍能动性发挥的限制性因素；制度能够为能动性发挥提供持续、稳定的激励性保障。

在企业具体实践中，自上而下有利于指明方向和明确目标，但并不等于能够朝着这个方向和目标持续前行，尤其是前行的道路上还有很多不确定性。即便迈出第一步，仍将面临三种选择——持续前行、停滞、后退。要做到持续前行，真正打破企业知识创造和应用的边界，自下而上的力量是不可或缺的。在组织层面表现出的持续前行，更多是个体层面大量探索行动的结果，是"涌现—选择—保留"的表现。

实际上，自下而上的力量是"能动性"的一种重要表达。企业中更多个体在实践中不断积极探索，主动连接外部资源进行互动，同客户形成闭环和正反馈，完成知识"涌现—选择—保留"，知识创新和应用活动才能够快速、有效地迭代，适应外部环境的快速变化，对外部环境的不确定性做出回应。

企业知识生态系统的培育

同自然界的"生态"相比，企业知识生态系统并不是完全自发形成的，而是需要一定程度的培育。那么，如何培育？培育的关键行动是什么？如果设定具体目标采用计划方式，它的基本假定就是行为是可预测的。但是，在知识创造和应用过程中，更多的是不可预测的行为。因此，采用演化的方式，强调能动性的激发，促进更多探索性行为的涌现成为知识生态系统培育的关键。

共同的价值追求

企业知识生态系统本质上是一个知识创造者的共同体，基本理念和共同愿景是一个共同体的最典型的特征。因此，企业知识生态系统培育首先需要提出这个共同体的基本理念和共同愿景，吸引相关主体参与，进行深度互动，使得知识创造和应用成为可能。

现实中，从知识生态系统的基石企业提出基本理念和共同愿景，到不同行业、不同领域的企业和机构参与其中，在进行深度互动过程中基本理念和共同愿景得到更加具象化的阐释，在更加明确的价值主张下，更多的参与者加入其中。海尔的衣联网知识生态系统就是云裳物联科技公司提出衣物互联解决用户个性化洗护和定制需求的共同愿景，将共创共赢作为基本理念。在这一价值追求的倡导下，工业互联网企业、服装企业、数字技术企业、洗护企业、洗护装备企业都加入其中，共同进行知识创造和应用。

知识创造的"场"

知识创造需要一个"场"，在"场"中有针对价值创造的现实场景，有用户针对价值创造的验证，有围绕价值主张和基本理念持续探索的氛围，各类参与者的互动就有了一个具象化的载体。"场"的搭建需要考虑如何促进不同领域、不同行业的知识在其中汇聚和互动，而一个中心点就是为用户创造独特的价值。

我们常说，"纸上得来终觉浅，绝知此事要躬行"。海尔衣联网平台提出基本理念和共同愿景后，就积极搭建知识创造的"场"。云裳物联科技公司通过"衣联网1号店"的形式，将这个"场"呈现在参与者的面前。在这个"场"，各类知识进行互动、整合和应用。展现在大家面前的有衣物洗护的新方式、奢侈品的护理、店铺的新业态、智慧衣帽间、衣物的溯源、个性化的定制、3D云镜等。在这些丰富多彩的"形式"的背后，不变的是基石企业、互补企业和用户之间更深层、更持续、更多元的交互，是对用户独特价值的不断创造。

角色的再定义

在基本理念和共同愿景的倡导下,在"场"的载体上,各类参与者进行互动,创造和应用知识的同时,都主动对各自的角色重新定义,明确自己在知识生态系统中新的职责和任务。实际上,角色再定义不是由谁来指定,或者事先就计划好了的,而是在知识创造和应用的过程中自己主动寻找到的。角色本身并不是一成不变的,在知识创造的不同时点,同一主体会有不同的角色。

例如,海尔衣联网知识生态系统中的云裳物联科技公司最初是基本理念和共同愿景的倡导者,接着成为"场"的搭建者,继而又成为知识生态系统治理机制的创造者、领域专业知识的共创者、知识应用的促进者,等等。这一系列角色的核心是持续的知识创造,持续将知识转化为独特的价值。

企业知识生态系统的持续演进

完成一次知识创造和价值转化容易,但持续进行保持"时效"的知识创造,需要实现企业知识生态系统的持续演进。企业知识生态系统要持续演进,需要有参与者的持续交互,需要有更大范围的参与者的加入,需要有更多的知识创造和应用。

无限交互

从可预期的知识创造走向不可预期的知识创造，是当下企业面对的一个转变。可预期让人感到舒适，但压根就是一件荒唐的事情。不可预期的知识创造，意味着企业要走出知识创造熟悉和舒适的领域，同不熟悉领域内的企业交互，挑战让自己感到不舒适的事情。从一个点、一个领域的交互，走向全环节、全链路的交互，在深度交互中创造新知识，实现新价值。因此，无限交互成为企业知识生态持续演进的必要条件。

云裳物联是在海尔平台上孵化出来的创业小微企业，"洗衣机"是它知识创造最熟悉和最舒适的领域，但是他们并未局限在这一领域，而是首先同服装企业进行连接和深度互动。把衣服洗干净是它的本行，但互动后发现服装行业的库存问题，以及由于选取错误洗涤方式造成衣物损伤问题，一些服装企业因此产生的售后费用高达上千万元。发现问题比找到答案更重要，问题是知识创造的源头。针对这些问题，云裳物联同洗护行业、零售行业进行连接和进一步交互，创造出"洗衣先生"（传统洗衣店的升级版）"智慧衣帽间""3D云镜"等新产品、新业态和新模式。试想，如果他们固守"洗衣机"的知识领域，就不可能发现这些问题，也不可能同自己的潜在竞争对手"洗衣店"进行交互。今天，海尔衣联网知识生态系统已经形成"洗、护、存、搭、购"全流程无限交互。

无限价值循环

为什么会有更多的参与者加入企业知识生态系统中呢？本质是知识创

造价值的循环，即在参与者认同基本理念和共同愿景的同时，大家共同进行知识创造，将之转化为价值创造，并在价值创造的同时分享到自己应得的价值。换言之，就是知识创造实现了价值的增值，并获得了增值的分享。增值分享自然就是激励大家进入生态系统创造新知识的最大动力。因此，知识创造实现价值增值的无限价值循环机制成为企业知识生态系统持续演进的充分条件。

在海尔衣联网知识生态系统的演进中，云裳物联科技首先构建"场"——衣联网1号店，通过知识创造实现价值增值；继而青岛本地的洗衣连锁品牌"洁神"加入其中，进行知识的再创造，原本的"洗衣店"转变成为无所不洗的"洗护店"，这些"量子小店"创造出坪效10万元的佳绩；随后，皮革护理领域的连锁企业"翰皇"又加入其中进行知识创造，同云裳物联科技共建全国第一家奢侈品护理研发中心。企业知识生态系统的参与者不断加入其中，知识创造在继续，价值增值在继续，并形成正反馈。

无限裂变

我们借用数学中"分形"的概念，来认识知识生态系统中组织的变化。分形几何又被称为"大自然的几何学"，它不同于传统几何的最典型特征是"不规则性"和"自相似性"。它描述的图形整体上是不规则的、破碎的，是一种非线性的变化，但是在微观层面又具有自相似性，有相似的基本规则。也就是说，一个整体不规则的、破碎的图形，可以被分成许多细小的部分，这些细小的部分具有自相似性。知识生态系统所呈现出来的组织形态可能是不规则的，但每一个部分又具有自相似性。企业知识生态系统的演进过程就是从一个细小的部分开始，经过不断的裂变在整体层面呈现出来的，而且每个细小部分在知识创造的组织上具有自相似性。

在海尔衣联网知识生态系统演进中，从最初的知识创造的组织"衣联网1号店"开始，到青岛"洁神"、北京"翰皇"，再到"社区量子小店"，这种裂变在不断继续，以超乎想象的组织形态不断演进，不仅覆盖衣物的"洗、护、存、搭、购"等环节，而且进一步延伸至服装的智能制造及智能家居等环节。这如同海岸线的延伸一般，任何一条海岸线都是无章可循、不规则的，但是细小部分又有着相似性。在海尔衣联网知识生态系统中，每一个细小部分中以用户方、技术供给方、整合运营方和平台支撑方的基本构成呈现出它们的自相似性。

这种组织"分形"为企业知识生态系统演进提供了强大动力，呈现出一种无法预期、无可阻碍、无章可循的成长态势。按照传统的行业划分，海尔本属于家电行业，但服装行业的"2021年中国服装大会"却是海尔衣联网承办的。一场跨行业的知识互动、创造和利用就此开始。知识创造和利用不仅发生在"用户需求—设计—生产—销售"的服装前市场，还发生在"洗、护、存"的服装后市场。海尔衣联网还搭建工业互联网标识解析二级节点（服装行业应用服务平台），实现国家工业互联网节点和纺织服务企业的连接，为纺织服装企业提供标识发码、标识解析等服务。未来，我们每一件衣服都将具有"身份证"，在生产、销售、流通、洗护等的每一个环节都有迹可循、有据可查，这为进一步的知识创造和利用提供无限可能。

数智时代的绩效管理：现实和未来

董毓格 龙立荣 程芷汀

数智技术使绩效管理变得更加敏捷、透明、可量化，但它缺乏人类独有的情感、创造力和伦理道德。数智时代的绩效管理将何去何从，是人工智能取代人类，还是人类依旧占据主导，抑或人机共生？宜采取"人机协同"的思想，将两者优势互补，构建高效柔性的绩效管理新模式。

管理瞭望 .《清华管理评论》2022年文章精选

数智时代全面到来

纵观人类社会发展的历史，科技的发明和使用将人类社会大致分成四个阶段：农业社会、工业社会、信息社会和数智社会。在数智社会中，数字化和智能化技术（移动互联网、大数据、云计算、人工智能、5G等）极大地颠覆了众多传统行业，深刻地改变了企业的经营管理模式。伴随着数字经济的快速兴起，各种数智技术、智能机器、网络基础设施不断更新迭代，重构工作中的劳动力，重塑管理的计划、组织、领导和控制职能。

"十四五"规划将人工智能列为强化国家战略科技力量的首要前沿领域，《中国制造2025》把数智化作为行业转型升级的重要战略，在当前力推的新基建中，数智技术作为基础设施受到高度重视。根据埃森哲的测算，到2035年，人工智能的应用将为中国各行各业带来近50万亿元人民币的增长值。麦肯锡全球研究院也预测，到2030年，约70%的公司将至少采用一种形式的人工智能技术，而相当一部分大型公司将使用全系列技术。身处数智化浪潮中的中国企业，面对不断上涨的劳动力成本，不断升级的消费者需求，新冠疫情和世界格局动荡加剧造成的外部商业环境，迫切需要借助数智技术进行转型升级，打造更敏捷、柔性、可持续和以客户为中心的经营模式。

过去，机器是由人操作的。现在，机器是自我学习和执行的。这种变革的本质意味着数智技术不仅可以替代人做简单的重复性工作，也可以通过强大的数据收集、分析和挖掘能力在更多复杂工作中展现实力。例如，基于大数据平台的智能决策系统，可以通过数智支撑，提供具有预测性的辅助决策的信息；基于物联网、云平台的运营管控系统，可以实现智能运营监测及分析；基于人工智能的生产管理平台及应用，能为组织大幅降本增效。绩效是决定组织竞争成败和可持续发展的关键因素，将数智技术应用在绩效管理上，增强其将人力资本转化为组织竞争优势的能力，对于提高企业核心竞争力具有重要的意义。

数智化的绩效管理变革

绩效管理（Performance Management，PM）历来是学术研究和管理实践中的热门话题，学者对其内涵有着诸多论述。本文将其定义为组织为达成战略目标对个人和团队绩效进行管理和改善的过程，目的是使组织成员的工作活动及产出与组织目标保持一致，通过持续提升个人、团队及组织的绩效水平，最终实现组织的战略目标。

绩效管理是一个连续的循环性过程，包括绩效计划、绩效监控、绩效评估和绩效结果应用四个环节。绩效计划是依据组织的战略规划，确立部门及个人的工作目标，并获得对目标承诺的过程。绩效监控是在绩效计划实施的过程中，组织对员工和部门的绩效进行监控，并提供必要的反馈、指导与支持的过程。绩效评估是绩效管理系统的核心环节，在此阶段，组织采取有效的方法以一定的周期对个人及部门绩效目标的完成情况进行评价。绩效结果应用是影响整个绩效管理系统有效性的重要环节，组织根据绩效评估的结果制订提升绩效的改进计划，并做出相应的管理决策（薪酬、晋升、培训等）。

有别于传统互联网时代的数字化技术，数智技术表现出可量化、实时化、可视化、智能化的核心特征，它具有强大的数据获取、计算分析、信息处理和自学习能力，可以在迭代中不断优化，扩展人类在处理复杂问题时的认知。数智技术驱动的算法越来越多地应用于企业管理：描述性算法用于记录过去的事件并分析其对当前事件的影响，如收集员工不同类型的绩效数据并进行整体评估的绩效评估算法；预测性算法侧重于预测未来行为，如估计应聘者未来绩效表现的算法；规定性算法用于从不同的可能性中选择最佳解决方案，如自动化任务分配和调度决策算法。根据普华永道的研究报告，跨国公司中已有40％的人力资源部门使用基于AI的工具。数智技术的飞速发展和应用给企业传统的绩效管理方式带来新的机遇，绩效管理已经发生了以及即将发生怎么样的变化？管理者应该如何应对？本文将以绩效管理的不同环节作为切入口，向读者展示学界和业界最新的研究成果和实践案例，探究数智时代的绩效管理新模式。

数智目标设定

绩效计划连接公司繁荣战略与运营，作为绩效管理的第一个环节，它是绩效管理成功实施的关键因素。组织通过数智技术收集的大量数据可用于设定员工的目标，数智目标设定包括两个方面：算法任务分配和绩效目标设定。

算法任务分配主要存在于零工经济和平台工作中。例如，在快递员、外卖骑手、网约车司机的工作背景下，算法将劳动者的实时地理位置信息与任务相关信息（如新订单、优先级变化、截止时间）联系起来，系统智能派单并提供最优路线，同时在客户界面提供准确的预期交付时间。在阿里巴巴仓库里进行的一项为期15天的现场实验研究了算法任务分配过程，结果表明，在劳动密集型环境中，工人认为算法任务分配过程比人更公平，进一步使其生产率提高了近20%。

数智技术也可以根据过往绩效、业务需求、交通情况、天气等数据自动设定绩效目标，如亚马逊基层仓库工人的包裹量目标和运输司机货物交付目标。对于组织内相对复杂的各个不同岗位的任务，基于一定规模的数据，也可以通过建模设定目标。例如，销售部门的业务测算，证券公司的目标设定，生产部门的品质、时间和成本设定，供应链的稳定性目标规划等。

虽然算法可以提高效率和准确性，但也存在不少问题。算法任务分配高度依赖市场需求及员工能力，员工没有接受或拒绝算法分配任务的自由，因此它会对员工自主性有消极影响。通常，算法还会不断提高任务标准，导致工作不安全感和工作量的增加。在知识型驱动的工作环境中，算法目标设定更会影响员工的自主性和限制员工的创造性。算法大多一味追求"效率"，让员工长期处于"系统"的压力之下。例如，为了防止错过算法实时更新的任务，平台劳动者只能全天候保持在线，算法任务分配的不确定性导致他们时而拼命赶工，时而空闲无事，加重其工作倦怠感。

数智监控、反馈和指导

数智监控

一家知名企业的裁员风波将一款可监测员工离职倾向和怠工情况的"员工行为监测"系统带入公众视野。据了解，该系统能检测到员工访问求职网站次数、聊天关键词量、搜索关键词量及简历投递次数等内容，从而提前发现潜在离职风险的员工，为组织分析有离职风险的人员列表及风险等级，并给出离职风险的判定依据。除此之外，该系统还可分析员工怠工情况。员工通过公司内网的聊天记录、上网时长、访问应用的特征等行为都会被这套系统监控，监控系统通过预定义的规则判定员工的工作状态。同时，通过收集影响工作效率的无关应用、怠工集中的时间段，系统还可以自动分析员工消极怠工的因素，给出怠工情况最严重的部门排行和员工排行。

被监控的不止信息，还有流量。2021年底，国美集团内部发布的一份《关于违反员工行为规范的处罚通报》在网络上引发热议。通报表示，部分员工在工作区域内占用公司公共网络资源从事与工作无关事宜，并列出流量数据使用明细，员工上班时上了什么网站、刷了多久视频，统统逃不过数智系统的"眼睛"。亚马逊为其合作伙伴使用的卡车开发了电子跟踪技术，实时监控司机的驾驶状态。通过全方位的摄像，系统可以轻易判断司机有没有打瞌睡、分心、违章等安全驾驶问题，并对其进行智能打分。2018年，Gartner对239家大型企业的调查结果显示，有一半的公司使用非传统监控技术对员工进行监测——包括跟踪员工在办公室周围的活动及其生物特征数据，这个数字在2015年仅为30%。

数智监控的一个关键优势就是它不仅能够通过多种媒介（摄像头、智能手环、语音系统、屏幕点击、网站访问等）收集和记录大量信息和指标，如互联网使用情况、社交媒体活动、活动轨迹、情绪和压力、工作投入量，还可以自动、快速地分析和处理这些有关员工行为、动作及绩效的异质性数据。数智化绩效管理系统所具备的实时分析功能可以增强组织绩效管理信息的时效性，避免因滞后产生问题，从而有利于实现部门和组织绩效的持续提升。现有研究表明，数智监控会给组织和员工带来积极结果，如为组织提供更全面的信息以便其进行有效管理、为员工提供实时反馈使其及时调整自身行为，减少与绩效无关的行为。然而，数智监控也会让员工感到隐私被侵犯，产生不公平感，降低其工作满意度、组织承诺、创造力，甚至会增加反生产绩效，即"你有政策，我有对策"——而这与数智监控试图实现的目标恰恰相反。

数智反馈与指导

在绩效执行的过程中，数智化绩效管理系统将员工的过程绩效和结果绩效实时录入大数据平台中，并对员工进行实时绩效反馈，更可以在分析后对绩效较差的员工进行必要的指导。心理学研究表明，反馈和指导是提升绩效的重要条件之一。传统的绩效反馈与指导往往通过管理者与员工的面谈或以管理者提供书面报告的方式来完成，但数智技术的引入触发了新的绩效反馈与指导方式的诞生。

在近10%的财富500强公司中，透明的绩效数据已经取代传统的绩效反馈。哈佛大学商学院的Bernstein和Li（2017）对绩效透明的研究表明，更详细、更实时，并与更广泛的员工分享的透明绩效数据（即绩效透明）相比传统的绩效反馈更能提高员工的整体绩效，激发员工的非生产性行为向生产性行为转变。数智反馈的即时性、透明性使得员工在随时了解自己工作绩效的同时，也能共享其他员工的绩效数据，促进其自我调节，进而提升绩效。同时，绩效透明可以替代部分管理者的工作，激发非正式的社会比较的作用。结果还证实：受到主管支持更少和社会比较倾向更低的员工从绩效透明中获益更多。

然而，数智技术在绩效反馈中的应用也引发很多争论。Tong等（2021）发表在顶级战略管理期刊《战略管理杂志》（*Strategic Management Journal*，SMJ）上的研究表明，即使数智技术提供的反馈信息更有效，但人对机器的负面认知会大大削弱其效果。具体来说，一方面，数智反馈具有积极的"部署效应"，其强大的数据分析能力可以增强反馈的准确性、一致性和相关性，提高反馈的质量，促进员工生产力的提升，进而提升组织绩效。研究结果显示，在不知道反馈源的情况下，接受AI系统生成的反馈信息的员工的工作绩效比接受人类经理提供的反馈信息的员工的工作绩效高12.9%。另一方面，一旦将反馈中数智技术的应用披露给员工，对新技术的负面认知及不信任所引起的"披露效应"将损害员工的生产力，数智技术带来的商业价值将被大大削弱。研究结果显示，被告知接受AI反馈员工的工作绩效比被告知接受人类经理反馈的员工的工作绩效低5.4%，且新员工更容易受到负面影响。

除了绩效反馈，数智技术在绩效指导中的应用也越来越多。AI教练与经历身体疲劳和情绪波动的人类不同。在重复的培训中它可以以更一致、更可预测和更准确的方式处理培训任务，同时它可以快速扩展，以最低的成本同时培训数千名员工。美国最大的人寿保险公司大都会人寿（MetLife）利用一位名为Cogito的AI教练跟踪客服人员与客户的对话，并就如何改进工作向员工提出建议，提升客户服务的技能。Zoom公司利用AI教练Chorus为其销售团队提供培训，提高交易成功率。互联网金融公司微众银行运用电话营销教练SmartSales助力销售人员的培训。

关于数智指导的一个担忧是，其提供的信息过于标准化和全面，这对绩效优秀的员工而言显得冗余、啰唆，而新员工又难以全盘吸收和学习。同时，缺乏人际交往技能的"软实力"可能引起员工对AI教练的反感，阻碍员工顺利的学习和绩效的提升。Luo等（2021）对AI教练为销售人员提供培训进行研究，发现相对于人类教练，AI教练的指导效果在不同的销售人员之间呈倒U形分布。也就是说，排名中等的销售绩效提升程度最大，但排名最靠前和最靠后员工的绩效仅得到有限的增长。这是因为排名靠后的销售面临最严重的信息过载问题，而排名靠前的销售对人工智能的厌恶程度最高。该研究还有一个重要发现，AI教练—人类教练组合的效果最优，好于仅使用AI教练或者人类教练。因为这种组合既可以利用AI教练的

"硬实力",又结合了人类教练的"软实力"。

数智评估

数智时代企业绩效评估的重要手段是以数智监控获取的海量多维大数据为基础,通过智能算法不断分析数据进而做出评估,而后结合实际情况的评估结果被反馈至算法进行迭代优化使其更加准确。比较简单地,如在数字劳动力平台中,滴滴出行等网约车平台运用手机应用程序分析司机的接单率、拒单率、准时率等指标,并获取乘客对消费体验的评分以确立司机口碑分;美团、饿了么等外卖平台实时跟踪外卖骑手的响应速度、完成订单数、总里程、送餐准时率,并结合顾客好评率对其进行评估。更加复杂地,如前文介绍对销售人员的绩效评估,既有结果数量的客观评估,也有销售行为过程的智能评估。

但是这种评估能否做到客观和公正呢?诚然,机器不会"徇私舞弊",数智评估确实可以避免人工评价的主观性和"人情",但对情感的缺乏及对外部突发事件(如交通事故、暴雨天气等)的不敏感容易导致评价过于僵化,使其不仅无"人情"更无"人性"。正如引爆网络的《外卖骑手,困在系统里》一文所展示的一样,骑手们永远无法依靠个人力量去对抗算法,唯有通过违规行驶、逆行、闯红灯等方式顺应它的规则。

当然,数智评估对组织绩效有积极影响。算法实际上向员工传递了组织制定和倡导的工作标准和规范,当这些信息被员工内化理解并形成自己的价值判断后,大部分员工会按照算法的指令做出符合组织预期的行为。

例如，网约车司机了解到算法是根据他们的好评度来实施派单倾斜政策后，会主动做出服务行为，从而获取好评以提升评级。但算法的不透明、不可解释性也使员工产生混淆，同时由于缺乏直觉和主观判断的能力，数智评估往往被员工认为"是一种非人性化的体验"。如何合理使用数智评估来激励员工、促进组织绩效提升是管理者不可回避的命题。

让我们看看互联网头部企业的做法。百度为了降低主观判断的影响，运用算法分析内部的沟通频次、沟通时段、邮件的大小和频次等数据，再经由数据建模、机器学习、分析验证等步骤自动选出参与特定员工绩效评估的合适、相关人选。采用OKR管理的字节跳动在评价环节使用360度评估，但是与传统360度评估不同的是，数智评估系统可以基于数据对每个人的评价风格进行评分，从1.0（严格）到6.0（宽松），这样可以避免某个人的评价风格过度影响被评价员工的考核结果。同时，系统还设计了绩效校准矩阵，通过智能分析对团队绩效进行校准，尽可能避免因为管理者经验不足导致的偏差，辅助管理者做出更加合理的判断。其实这就是绩效管理中人机协同的经典体现，系统背后的数智技术通过其强有力的数据分析处理能力，帮助人类管理者拉齐标准，拿好"同一把尺"，而人类管理者应用自己的管理经验及综合判断能力给出最科学的评估。

数智奖惩

数智奖惩是基于数智评估的结果，通过算法以交互和动态的方式对员工进行奖励和惩罚。高绩效员工会获得更多的机会、更高的薪酬和更快的晋升，低绩效员工则被扣除薪水和奖金，严重者甚至被直接解雇。对于许多在线零工劳动平台，如滴滴、美团、M-turk等，劳动者的薪酬几乎完全由算法决定。IBM的头号人工智能沃森（Watson）通过调取员工的历史绩效、项目信息等分析预测其未来潜力，决定员工是否晋升及是否调薪。谷歌也将算法用于工程师晋升决策中，以减少该决策中的人类偏见。亚马逊的算法会追踪每一个物流仓储部门员工的工作效率，统计每一名员工的"摸鱼"时间，一旦有人离岗时间太长，AI会自动生成解雇指令。俄罗斯一家名为艾克索拉（Xsolla）的游戏支付服务公司2021年直接用AI算法开除150名员工，引发轩然大波。数智奖惩让越来越多的人开始担忧，随着劳动被算法控制，本该具备人文关怀的奖惩也因算法的加入而变得冰冷。

重构未来高效柔性的绩效管理体系

人类学家、数据社会学家尼克·西弗提出了"算法文化"的概念。在他看来，算法不仅由理性的程序形成，还由制度、社会道德、普通文化生活等人类集体实践组成。从前文可以看出，数智技术的发展和应用已经给绩效管理带来理念和技术的变革，但它为组织管理和员工工作赋能、提升管理效率与服务质量的同时也带来一些消极影响。

如何建构未来兼具效率和人性的绩效管理？宜采取"人机协同"的思想，即既不拘泥于传统的"人治"也不陷入对算法的完全依赖中，通过人类与机器的优势互补，构建高效柔性的绩效管理新模式。

数智技术的优劣

正如前文所介绍的,数智技术可以通过多种途径(摄像头、智能手环、语音系统、屏幕点击、网站访问等)全方位、全过程地收集、记录并存储比以往任何时候都全面的数据信息。凭借其高速的计算分析能力,智能算法对收集和捕获到的标准化数据进行处理和分析,进行数智任务分配和目标设定,优化工作任务安排,大幅提升了运行效率。通过持续汇总并分析来自内部和外部、关于结果和过程、主观和客观的员工绩效的信息,智能算法能够评估并预测其绩效表现,并实时反馈,进而以交互和动态的方式进行数智奖惩。通过大规模地收集和使用数据,算法在迭代中得以不断开发和改进,进一步提升效能。

尽管数智技术具有快速、高效、客观、可量化等优势,但它消除了绩效管理中更多的人际关系和同理心,这种以数据为主导的方法将工作变成一种不人道的形式。已有研究表明,大多数人认为使用算法和机器来管理人类是一种非人性化的行为。例如,算法技术对变化的场景因素考虑不周,提高了算法对员工绩效做出误判的概率。

人类的优劣

人类特有的情感、直觉、创造力、想象力、抽象思维等使其在价值判断、情感表征、非常规和创造性等问题中不可或缺。人类的这些特点可以帮助解决数智绩效管理带来的问题,不断修正、完善算法,为算法注入人性。

具体来说，人类倾向于在需要整体、宏观和远见思维的情况下保持相对优势，并具有机器所不具备的想象力和创造性，因此，可以更好地优化数智技术的决策结果。人类独有的经验和情感有助于其在错综复杂的动态中协调各方利益，消除可能的冲突。使用人类智慧完善人工智能，不仅能解决数智技术带来的问题，实现数智技术与人类智慧的有机统一，也有助于避免数智技术脱离人类控制。当然，不可否认的是，在决策速度、准确度、成本等方面，在解决客观、结构化的问题上，人类还是比不过数智技术。

数智技术与人的协同共生

机器和人类具有互补的优势和解决问题的能力。数智技术对管理效率的提升效用是显著的，但效率只是衡量管理的一个维度。更值得关注的是管理效果，即组织目标与社会愿景之间的契合程度，强调企业社会责任与使命，涉及管理伦理问题。随着数智技术的不断发展，尽管大量规范化的工作会被机器取代，但富有情感体验、具有创造力和价值性、更有"温度"的工作和技艺，仍然需要人类。具体来说，机器的理性思考更多地强调"真"，而人类的思考更加强调"真善美"的和谐统一，更侧重于价值内涵、伦理道德的考虑。

正如行动者网络理论的观点所强调的，技术本身作为一种非人类的存在和人具有等同性，能够与人类一同形成行动者联合体。数智技术所体现出的自动化、智能化特征，可能诱导技术研发者和应用者一味地提高效率、降低成本，忽视了人类行为的自主性。但笔者认为，无论智能系统有多么复杂，人类应当始终主动地参与其决策环路中。随着时间的推移，人机之间的交互可以使双方变得更聪明。这是数智技术融入人类社会，构建负责任的人机协同工作体系的保证。

未来宜采取"人机协同"的思想构建高效柔性的绩效管理，充分发挥机器的技术性优势"赋能于人"，结合人的经验和感性，促进和谐的人机协作，使员工获得工作意义感与幸福感。人机共生的协同工作模式下，人类可以帮助优化机器算法，机器实践反过来助力人类活动，这是一个双赢的局面。

未来的数智化绩效管理应具有以下几个特征：第一，智能高效，组织应充分发挥技术优势，绩效监控过程收集的大量数据和人工智能分析为目标设定、评估考核、奖励惩罚给出快速、客观的决策辅助；第二，敏捷透明，数智技术赋予了绩效反馈前所未有的频率和透明度，年度反馈、季度反馈都已成为过去式，实时、透明的绩效反馈将随时为组织和员工提供信息，加强整个组织的协作；第三，全面多维，大数据对内外部信息的强力获取使得绩效管理更加全方位无死角，音频、视频、行为监控的纳入，领导、下属、外部客户、内部同事的全方位评价，"人"被刻画得更加立体；第四，人本柔性，人类管理者的"软"技能在这个体系中必不可少，管理者对人际细微的、难以自动化的沟通交流的把握，对特殊情况、伦理道德的考量，对宏观层面、整体大局的考量，可以降低员工对算法的抵触，提升管理思想的高度，更有效地应用数智技术的优势，提高员工和组织绩效。

结　语

随着数智技术的发展和改进，管理者和员工必须重新适应新时代的绩效管理。成熟的管理者不应该被数智技术困住，把算法的建议当圣旨，而是应该运用其独有的经验和情感做出判断，善用智能机器的力量。新时代的员工应该发挥个人能动性，积极参与与数智技术的互动，释放个性和潜能，创造积极愉快的工作体验。

"困在算法里"的外卖骑手通过工作的重新塑造与算法和谐共处，算法背后的管理者也需要将人性和价值观写进算法，履行企业责任，设定合理的数智目标。数智监控本无对错，管理者应通过合理途径获取数据，而后平衡效益与伦理得出结论，进而赋能于员工。高效、准确的数智反馈少了点人情味，为了缓解"披露效应"，管理者应主动介入，告知员工数智技术应用的目标和好处，缓解他们的担忧。同时，应根据情况采取不同的方式，不能"一刀切"。例如，可以使用AI向老员工提供绩效反馈，但仍通过管理者向新员工提供绩效反馈。在数智指导中，建议组织运用AI教练和人类管理者的组合。在这种组合中，人工智能提供了强大的数据计算技能和个性化反馈，而人类管理者专注于人际细微的难以自动化的沟通。最后，在绩效结果应用这一关键环节，建议通过管理者的介入有效减少员工的不公平感等负面情绪，更好地展现企业文化和价值观。

毕竟，再多的数据，再强的算法，都无法穿越背后的"01逻辑"而直达人心。

让数字化战略"软着陆"——数字化项目集群管理

吴晓松 马旭飞 黄伟 江俊毅

从战略管理的角度来看，造成企业数字化转型失败的主要原因是数字化战略的硬着陆——忽视数字化战略与数字化运营之间必不可少的长期实施环节。运用项目集群管理的方法，可以很好地实现企业数字化转型战略的"软着陆"。

数字化转型已经成为数字经济时代与后疫情时代的企业核心战略，但是根据麦肯锡和Gartner的相关报告，70%到84%的企业数字化转型以失败告终。数字化转型的失败率为何如此高？通过分析单个案例，我们可以找到截然不同的答案。

有的企业是因为领导的数字化思维不足，如决策观念还没有从经验判断向"数据说话""智慧决策"转变；有的企业是因为组织的数字化文化不成熟，传统企业文化与新培育的数字化文化之间存在激烈冲突；也有可能是员工数字化能力不足，如员工缺乏使用数字化技术的相应技能；还有可能是企业数字化技术开发实施部署方面的原因，如新数字化系统与遗留信息系统之间的不兼容，等等。

孤立地罗列出上述导致数字化转型失败的可能原因，虽然可以让企业规避掉一些常见的风险，但难以有效指导企业系统化地开展数字化转型实践。

数字化转型是一个系统化的战略变革实施工程，需要回归到战略管理的本质来思考数字化转型。我们认为，从战略管理的角度来看，造成企业数字化转型失败的主要原因是数字化战略的硬着陆——忽视数字化战略与数字化运营之间必不可少的长期实施环节。运用项目集群管理的方法，可以很好地实现企业数字化转型战略的"软着陆"。

数字化转型硬着陆：数字化战略与数字化运营之间的脱节

既有的战略管理研究认为战略管理主要包括两类活动，分别是战略制定与战略实施。其中，战略制定是指组织通过对其内外部环境分析之后进行一系列决策进而确定组织如何形成竞争优势，并在与同类企业竞争过程中取得成功的过程。战略制定的结果往往是一系列有待完成的战略目标及这些目标的测度方式。战略实施是指组织通过对内部资源（人员、业务流程、IT系统）进行匹配协调从而完成战略制定过程中确定的目标，进而确保战略目标的最终实现。战略实施过程涉及资源的组织方式、领导结构、沟通、激励及控制的机制等。

一旦战略管理决策开始实施，组织就逐步进入运营管理阶段。这里的运营管理指的是组织内部日常业务活动的运行，在组织不同职能部门里一般代表不同的运营活动，如后勤部门的"物流管理活动"，市场部门的"营销管理活动"。我们可以将组织从战略管理阶段（战略活动）走向运营管理阶段（运营活动）的过程称为"战略落地"。

对于数字化转型，组织提出的数字化战略作为新规划的组织战略目标，与企业当前依据传统组织战略目标开展的运营活动之间往往存在天然的冲突（包括文化冲突、组织结构冲突、技术冲突、员工抵触等），所以数字化战略一实施就直接进入运营管理阶段是完全不切实际的。忽略数字化战略与企业当前运营活动之间存在的鸿沟，是导致数字化战略硬着陆的根本原因，而硬着陆的结果只可能是转型失败。

要想基于数字化战略一步步实现从传统运营向数字化运营的转变，即实现数字化战略的成功落地，需要通过长期系统的战略落地环节来实现，我们认为这一战略落地的环节可以通过项目集群管理实现。

项目集群管理思想

项目集群管理是指通过对组织内多个项目采取统筹协调式的集成管

理，致力于实现项目集群层面的组织战略目标达成的收益。与传统项目管理、多项目管理和复杂项目管理的不同之处在于，项目集群管理主要用以应对具有"高不确定性（结果可预测性低）"与"高模糊性（目标随时间变化程度高）"的复杂多项目管理问题，关注战略变革与整合，关注不确定性与模糊性中潜藏的收益。

相较单一项目，作为项目与组织之间的中间层级，项目集群管理主要有三个优点：第一，通过对多项目的集成管理，解决多项目间的冲突，并通过协同集成创造更高的收益；第二，能够确保项目集群中的项目实施与组织战略始终保持一致，尤其在不确定的经济、政治和技术环境中能及时根据战略需要而变化发展；第三，能够更广泛、更全面地确保和评估项目集群中所有项目收益的整体实现。

项目集群管理实际上构建的是一种全新的管理思想、方法与理念，其要点可以总结为：复杂系统观的管理思想、学习型的管理方法、价值收益导向的管理理念。

复杂系统观的管理思想。复杂系统观指明的是项目集群管理的思想内涵。复杂是项目集群的基本特征，既体现在项目集群致力于实现不确定性高的目标，又体现在多关联项目的组织结构；系统则是项目集群管理的内涵，主张在项目集群层面进行多个相互关联项目的系统规划、实施与集成交付，从而能更好地实现组织战略目标。采纳复杂系统观意指面对复杂的外部环境及复杂的项目集合结构，项目集群管理应该以全面、系统的观点来看待项目规划和报告，并把管理重点放在企业收益、项目间联系与协调，以及关键干系人之间的联系而非具体的项目工作上。系统协调把项目集群自身的复杂性转化成企业价值创造的契机。

学习型的管理方法。学习型实际揭示了项目集群管理的过程机制，即方法论。项目集群致力于实现的目标本身所具有的不确定性与模糊性特征对管理过程中的学习功能有着天然的内在诉求。只有通过学习才能逐渐把握项目集群管理的真实目标及最终结果，也只有通过学习才能厘清项目集群管理中各项目间、各干系人之间的各种联系，以及随时间变化而进行的动态调整，也只有通过学习型的管理模式，项目集群管理才能最终实现组织的战略目标，获取预期甚至超过预期的价值和收益。

价值收益导向的管理理念。价值收益导向实际指明的是项目集群管理的出发点和落脚点，即管理理念。一个项目集群管理成功与否取决于最终是否实现项目集群收益，将收益作为项目集群管理的出发点和落脚点会弱化管理过程中对结果形式的"执着"，从而为管理过程争取战略灵活性。这种灵活性是价值创造的必要条件。

数字化转型是一个项目集群管理问题

项目管理领域的学者认为组织的战略变革目标可以通过变革项目集群（Change Program）的形式进行组织和实施，即企业需要协调管理多个相互依赖的变革项目以取得单一项目管理所无法取得的集成效益，进而实现组织的变革战略目标。

同理，IT项目管理学者（如江俊毅教授，Gary Klein教授）进一步指出组织的数字化转型战略目标也很难通过某个单一的数字化项目来实现，必须统筹协调管理多个数字化项目，如"员工的数字化技能培训项目"、"数字化基础设施的开发/购买/部署项目"及不同业务流程或环节的数字化项目（不同企业根据业务重点可能侧重于不同业务流程）。

由于这些项目往往存在复杂的依赖关系，孤立地管理其中任何单个项目而忽略与之关联的其他项目都很难取得组织层面的数字化转型成功，所以必须将之视作一个项目集群，进行统筹协调管理（见图1）。为了区别于其他的项目集群，本文把应用于数字化战略实施的这一类项目集群称为"数字化项目集群"。

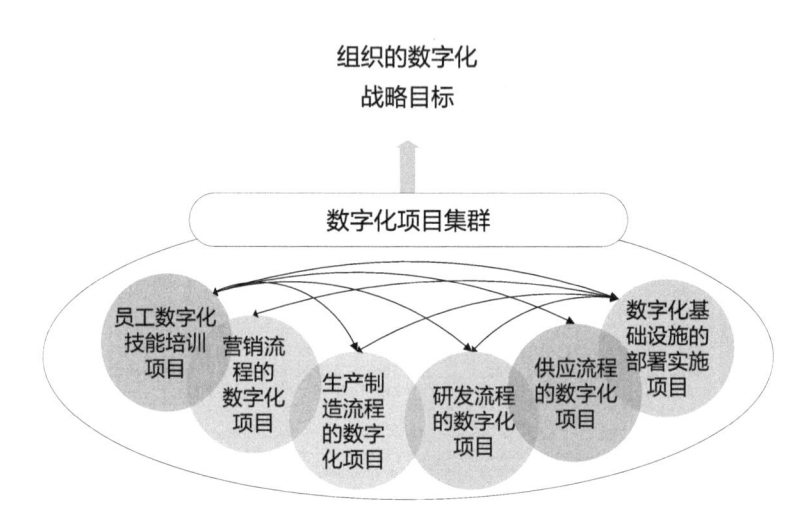

图1 企业数字化项目集群示意

数字化战略实施作为一种特殊的"项目"进行管理时，需要重视其存在的三种复杂性。

首先，数字化转型"项目"是一个多项目的管理问题。如前所述，组织的数字化转型战略目标是需要通过多个数字化项目来实现的，需要统筹协调这些存在复杂依赖关系的项目，孤立地管理其中任何单个项目很难取得组织层面的数字化转型成功。

其次，数字化转型"项目"的目标具有模糊性，实现这一目标的解决方案也存在不确定性。数字化转型面临着很高的不确定性，包括环境不确定性、数字技术不确定性及组织不确定性等。所以，很多组织制定的数字化战略目标往往是具有"成长性"并且解读空间较大的模糊目标，允许在转型实施的过程中对目标进行一定的调整从而确保数字化转型能真正创造收益和价值。目标的不确定性往往意味着解决方案的不确定性，所以，很多企业是在摸索数字化转型实践的过程中最终确定明确的数字化转型方案的。

最后，数字化转型"项目"特有的政治性。数字化转型作为一种战略变革，其本质是组织内潜在利益相关者与既得利益者之间的政治博弈。对数字化转型"项目"而言，有效平衡好组织利益相关者的利益冲突，是这一"项目"能够成功的关键。这在传统的项目管理流程和方法中往往较少涉及，甚至无须考虑。

数字化项目集群管理：数字化战略与数字化运营的桥梁

传统意义上，衡量一个项目是否成功的标准是"是否在计划的时间内交付""是否超过项目预算""是否达到既定的质量标准"，但是这些标准并不足以判定一个项目集群是否成功。

组织战略是项目集群管理的出发点也是落脚点。组织战略是发起项目集群的动因和锚点，也是项目集群发起人选择具体项目并构建项目集群的主要基准。项目集群管理的最终使命是通过统筹实施多个项目来实现或助力实现组织的特定战略目标。而在具体的项目集群实施过程中，项目集群经理始终要围绕锚定的组织战略目标协调资源，解决冲突，控制进度及评价项目。尤其是在评价阶段，项目集群经理不仅要评估单一项目的战略贡献，更需要关注如何评估整合一系列的项目交付成果，从而确保既定战略目标的最终实现。组织进行多项目管理过程中经常面临的问题是，单个项目在项目评估标准上都取得了成功，但是这些项目的成果并不能整合起来支撑组织的某个目标实现。从组织战略层面来看，这样的项目集群管理显然是不成功的。所以，项目集群管理的核心任务就是校准自身目标并始终确保与组织的战略目标一致，交付收益到运营环节。所以，项目集群管理需要随着战略和运营的变化而相应变化，并最终使战略与运营环节实现校准。从这个意义上看，项目集群是企业战略和运营之间的一座桥梁。

数字化项目集群管理从承接组织的数字化战略目标开始，一步步将组织的数字化战略目标分解转化成多个不同的数字化项目，这些数字化项目的成果都将整合并交付到运营层，从而实现运营层的数字化。

当数字化战略目标发生变化时，组织可以通过数字化项目集群中的数字化项目的"增""删""改"来进行及时的校准，从而确保数字化项目集群的最终交付符合数字化战略目标。当运营层数字化的过程中出现新的变化和需求时，组织也可以通过项目集群的周期反馈对数字化战略做出一定的修正（见图2）。

让数字化战略"软着陆"——数字化项目集群管理

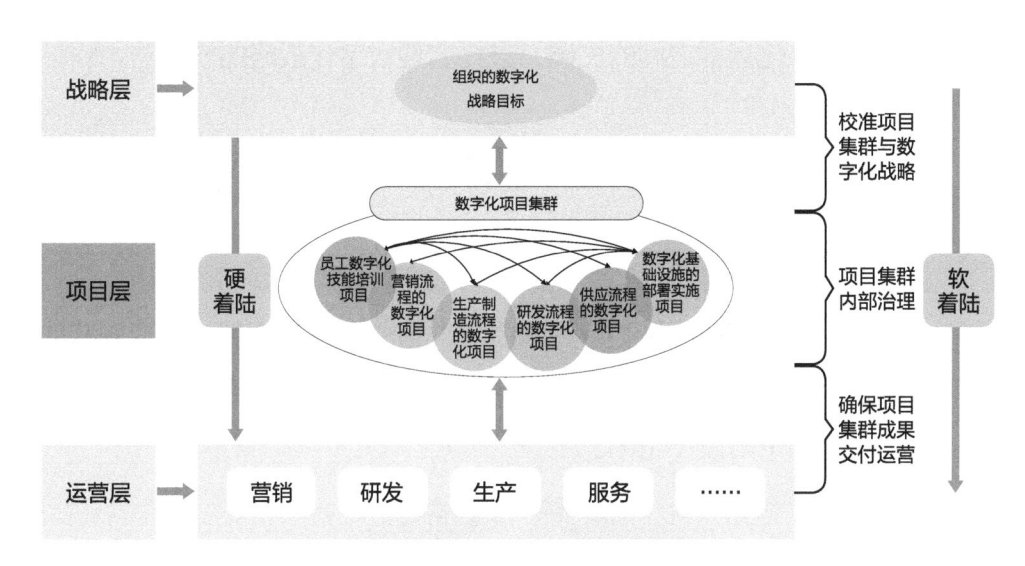

图2 两种数字化战略落地路径示意

由此可见，数字化项目集群作为一种中间组织，在数字化战略与数字化运营之间充分发挥桥梁作用，从而使得自上而下的战略实施和自下而上的反馈传导能最大程度规避战略与运营之间出现的失调和脱节。作为缓冲区，数字化项目集群还能最大程度上减缓战略层的变动对运营层的"突兀"影响，从而避免硬着陆。

综上，本文认为数字化项目集群是在战略层和运营层之间构建的一种临时组织形态，可以为数字化战略的长期落地环节提供系统性的统筹与持续性的管理。数字化项目集群管理可以通过多个数字化项目的统筹实施来系统交付相应的数字化能力到运营层，从而逐步将基于传统战略目标的运营管理流程重塑为基于数字化战略目标的运营管理流程，最大程度避免数字化战略与数字化运营之间的失调，最终实现数字化战略的软着陆。

数字化项目集群管理的要务

将数字化项目集群作为数字化战略与数字化运营之间的桥梁后，企业数字化转型的成败将取决于数字化项目集群管理绩效的高低。结合既有的项目集群管理理论和知识体系，本文提出数字化项目集群管理的三大要务及周期管理的四个阶段（见图3）。

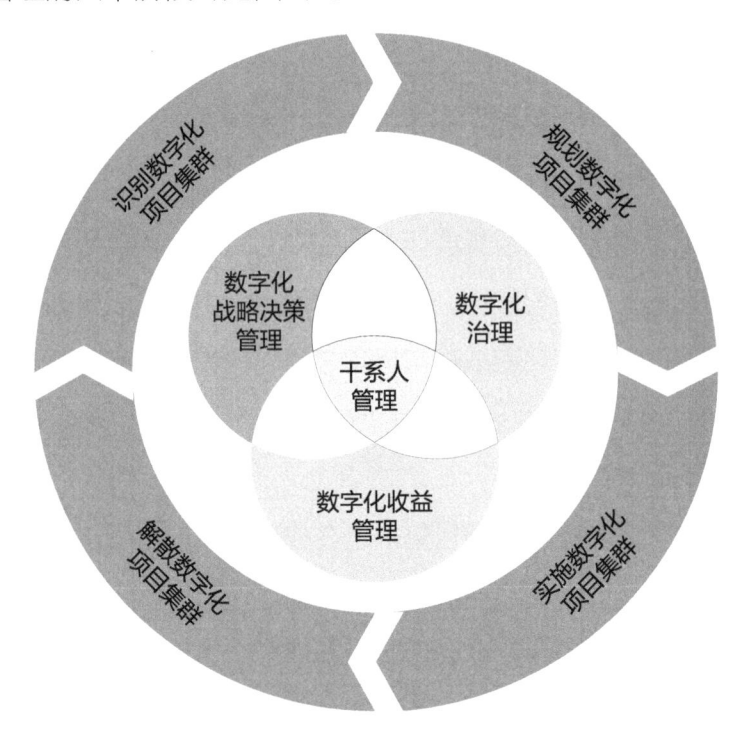

图3　数字化项目集群的管理生命周期与要务

数字化战略决策管理：聚焦数字化项目集群前端，战略校准

数字化项目集群管理的第一要务是进行数字化战略决策。如上所述，数字化项目集群的最终目的是实现企业的数字化转型战略，从而为企业创造数字化收益与价值。所以，数字化项目集群的数字化战略决策管理就是针对组织的数字化战略来系统分析组织希望获取的数字化收益或者主张的数字化价值，而后规划多个数字化项目来确保收益能够通过项目的交付物及成果得以实现。

简单而言，可通过可行性分析确定数字化项目集群的商业论证书，交付组织内的项目集群委员会或投资人进行审核和授权，进而得到数字化项目集群的章程文件，最后进一步细化出数字化项目集群管理的路径图或蓝图。

传统的战略决策管理关心两个问题：第一是决策效率；第二是决策者对决策结果的满意度。系统决策管理强调决策过程中的群体参与，以保证决策结果能最大程度代表决策群体的利益，确保最终的决策结果一旦产生，就能在抵制最小的情况下付诸施行。在数字化项目集群管理情境下，企业的数字化战略具有不确定性和模糊性特征，以决策效率为导向的决策管理将缺乏足够的灵活性来应对战略变动。鉴于决策管理一般包括战略决策制定过程和战略决策实施过程，本文认为数字化项目集群可以在战略决策制定过程中保持动态和学习，而在数字化项目集群的战略决策实施过程中追求稳定和效率。前者对应价值管理，后者对应项目管理。

数字化治理：聚焦数字化项目集群内部

数字化项目集群管理的第二要务是进行数字化治理，这也是数字化项

目集群管理最复杂的命题。数字化战略决策管理的实施环节需要通过持续的数字化治理来确保一系列相互关联的数字化项目能够集成交付预期收益，致力于以数字化项目集群实现数字化战略目标。

数字化项目集群的数字化治理主题包括基于组织的数字化战略和重要干系人的需求来开发数字化项目集群的愿景目标，建立与新型数字化能力开发相匹配的项目集群组织结构和组织职责，管控数字化项目集群管理过程中的风险与问题，进行数字化项目集群中的数字化项目交付的质量管理等。

以风险管理问题为例。数字化项目集群面临很多棘手的风险管理问题，包括冲突性风险（数字化项目集群中多个数字化项目之间存在的目标需求冲突及项目集群层面与项目层面的目标需求冲突）、复杂性风险（数字化项目集群中多个项目之间存在的复杂结构性差异带来的风险）、不确定性风险（数字化项目集群致力于实现的组织数字化战略目标会随着组织外部环境的变化而进行调整）。针对这些风险因素，采用传统的项目治理方法很难取得实效，必须开发和采用新的治理理论和方法，如集成冲突管理理论、二元性理论及复杂适应系统理论等。

数字化收益管理：聚焦数字化项目集群后端，运营交付

数字化项目集群管理的第三要务是进行数字化收益管理。数字化收益是指能够满足企业需求的任何有形和无形的数字化成果，包括数字能力、数字人才、数字文化等。

数字化收益管理包括数字化收益的识别、数字化收益的分析和规划、

数字化收益的评估及数字化收益的实现等环节。在数字化收益管理的每个环节，都可以采用不同的收益管理方法和工具。以数字化收益的识别环节为例，企业可以对数字化项目集群的重要干系人进行分析，从干系人的需求、期望及其对项目集群的影响力来结构化（识别并分析）数字化收益，并进行重要数字化收益的选择。

其实，干系人管理不仅是数字化项目集群收益管理的基础，也是战略决策管理及数字化治理的重要基础。因为战略决策管理必须邀请重要干系人参与，否则，最终制定出来的战略决策在后续实施环节很可能因为某个重要干系人的"阻挠"而失败。而在数字化治理过程中，任何治理措施的推行都会对数字化项目集群的干系人造成潜在影响，忽略与这些干系人的沟通同样会失去其支持，导致后续管理工作的"寸步难行"。

可以说，数字化收益是数字化项目集群管理的最终目的，但干系人管理是决定数字化项目集群管理是否成功高效的关键。所以，本文将干系人作为数字化项目集群管理全环节的共同核心主题。

数字化项目集群的生命周期与动态能力

前面谈到，数字化转型是一个系统工程。而数字化项目集群管理能充分利用其生命周期管理与动态能力来持续实施这一系统工程。数字化项目集群的生命周期管理大致包括四个阶段，分别是识别、规划、实施及解散。

识别阶段。在企业数字化转型的数字化战略目标确定后，企业会在组织内部成立委员会或高层领导团队评估应开展哪些数字化活动来实现数字化战略目标。项目管理成熟度高的企业往往会在企业内部成立专门的项目集群指导委员会，该委员会委派和指定某个企业高管作为项目集群经理来起草数字化项目集群的商业论证书，并交付委员会进行评估、审批和授权。数字化项目集群的识别阶段的核心目的在于促成数字化项目集群的立项，为此需要进行数字化项目集群的可行性分析，明确数字化项目集群的愿景目标与收益，并分析风险与成本。

系统规划阶段。立项后，数字化项目集群就要进入系统规划阶段，包括确定数字化项目集群的目标成果，设定数字化项目集群的组织结构，指派各个数字化项目的负责人，编制各个数字化项目的成本预算与交付要求，以及进行数字化项目集群的风险管理规划、质量管理规划等。

实施阶段。详细的数字化项目集群规划交付委员会审批通过后，数字化项目集群就能进入实施阶段。数字化项目集群实施过程中，核心任务是数字化能力的交付与数字化收益的实现。

解散阶段。在数字化项目集群的解散阶段，企业需要对最终实现的收益进行评估，对项目集群管理中出现的问题进行分析和经验总结。如果预期的数字化收益没有实现，可以选择继续该数字化项目集群并进入下一个管理周期，或者分析导致数字化项目集群失败的原因，开启新的数字化项目集群。

总的来说，通过生命周期四个阶段的不断迭代与循环，数字化项目集群能够动态应对组织数字化战略目标的动态变化，并通过对内部数字化项目的及时调整（增、删、改数字化项目）与整合来不断交付数字化收益，为企业创造数字化价值，并最终实现组织的数字化转型战略目标。

精一战略：在动荡的环境中"韧性增长"

曹仰锋

面对未来高度不确定的发展环境，越来越多的企业感受到了增长的压力，如何在不确定的环境中寻找增长点是高层管理者当下面临的巨大挑战。精一战略ONE模型揭示了企业在不确定环境中获得韧性增长的基本原则。

管理瞭望 .《清华管理评论》2022年文章精选

当下，如何能够在高度动荡的环境中获得持续增长成为企业领导者关注的核心话题。2020年暴发的新冠疫情给全球经济的发展带来不利影响，2022年突发的俄乌冲突无疑是雪上加霜，让全球经济复苏的希望更加渺茫。疫情、战争等多重危机的叠加影响让那些未有核心竞争优势的企业陷入增长困境，不少企业家面对未来的命运是"战战兢兢、如履薄冰"。

在动荡的环境中，企业领导者需要意识到，唯有提高企业的"韧性"才能抵御外部危机的冲击，从而穿越危机获得持续增长。本文以中国智能手机知名企业OPPO公司为案例，深入剖析OPPO如何在技术快速变化的智能手机市场上保持韧性增长。

OPPO公司成立于2004年，创立之初的主要产品是MP3播放器、MP4播放器与DVD播放器（以下分别简称MP3、MP4、DVD）。2007年，OPPO公司进入手机市场，于2008年推出第一款功能手机，2011年推出第一款智能手机。OPPO并不是手机市场上的"先行者"，而是一位"后来者"。在OPPO决定进入手机市场时，国内外的手机制造商已经开始跑马圈地、群雄逐鹿。众所周知，智能手机市场的技术迭代速度快、市场环境高度动荡，这些都给手机制造企业的增长带来极大的挑战。然而，OPPO克服了这些挑战，在动荡的环境中获得韧性增长。2021年，OPPO在全球的手机销售量达到2.11亿部，占全球市场份额的15.6%，位列全球第四，创造了智能手机发展史上的一个奇迹（图1）。

在2020年和2021年，笔者对OPPO自创立以来的战略变革进行了研究，不仅对公司首席执行官陈明永和其他高管团队成员进行深入访谈，获得丰富的一手材料，还广泛阅读OPPO公司提供的涉及公司变革与成长

精一战略：在动荡的环境中"韧性增长"

的内部资料。笔者在研究中聚焦的问题主要包括：OPPO如何克服"后来者"的劣势？如何通过塑造核心竞争优势获得韧性增长？其战略变革所坚持的核心原则是什么？

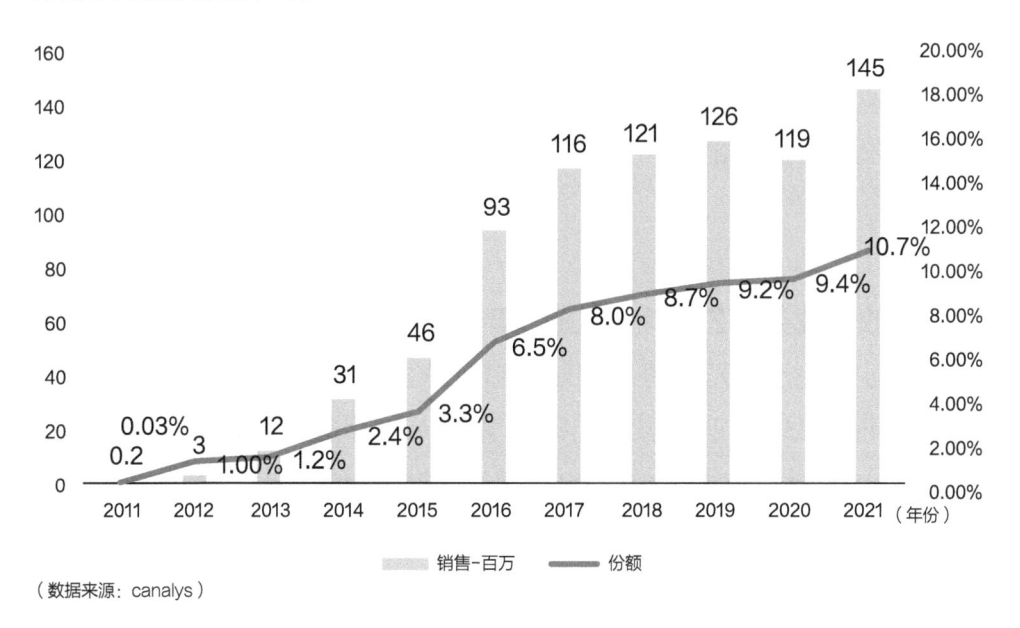

（数据来源：canalys）

图1　2011—2021年OPPO（含OnePlus）手机全球市场份额及出货量

本文从回顾OPPO公司的战略变革历程开始，识别出OPPO每一次重大战略变革所遭遇的挑战及其采取的战略对策，在此基础上提炼出OPPO所坚持的独特战略模式：精一战略。在"精一战略"的指引下，OPPO坚持聚焦于机会，做"专"市场；聚焦于前沿科技，做"精"产品；聚焦于体验，做"深"用户。最后，本文阐述"精一战略"为什么能够帮助企业在不确定的环境中平衡战略一致性与敏捷性，从而在高度动荡的环境中保持

179

韧性增长。

战略变革：从"播放器"到"智慧生活"

从2004年到2022年，OPPO的战略变革与业务组合主要经历三个阶段，分别是播放器业务、手机与智能终端业务、"智慧生活"生态系统。

播放器业务：2004—2008年

在创立之初，OPPO将"做最棒的产品"作为核心经营理念，主要产品包括MP3、MP4和DVD。2005年，OPPO首款播放器MP3 X3问世，这款产品以贝壳的圆润造型及出色的音质，赢得用户的喜爱。同年，OPPO推出X9播放器，这款产品采用钻石切割工艺，外观非常有创意。由于造型独特且音质出众，X9在当时被誉为"国产MP3的开门红之作"。OPPO凭借卓越的产品品质和精致的外观造型，迅速树立高端MP3的品牌形象。自2005年起，OPPO先后推出25款MP3。2006年，OPPO推出首款MP4，之后相继推出16款MP4。依靠MP3和MP4两个系列的产品，OPPO在数码随身听市场上站稳了脚跟。

OPPO同步开始了DVD的研发与生产。2005年底，OPPO推出第一台DVD，这款产品一问世便因性能极佳获得市场的好评。2005—2008年，OPPO先后推出5款DVD产品。2008—2014年，随着DVD技术的更新，OPPO陆续推出蓝光系列播放器。秉持品质取胜的理念，OPPO的蓝光产品几乎囊括全球所有音响器材专业测评机构和主流媒体的最高奖项或最高评分。

除了进入MP3、MP4和DVD市场外，OPPO在创业早期还涉足液晶电视行业。初步尝试之后，OPPO认为公司在液晶电视业务上没有核心优势，于是2006年停止这项业务。主动放弃液晶电视业务后，OPPO需要寻找新的战略增长点。由于支持音乐播放的手机与支持DVD功能的电脑等产品的大规模上市，MP3、MP4与DVD产品面临被替代的压力，这给OPPO的发展带来巨大不确定性。

公司首席执行官陈明永的一次偶然经历，推动OPPO第一次战略转型。2006年9月，陈明永想买一部国内本土品牌的手机。他在深圳市华强北市场看了不下100部手机，没有一款能够打动他。这次经历让陈明永意识到，看似发展得几近饱和的手机市场还蕴藏着很大的潜力。这成为推动OPPO进入手机市场的重要事件。2007年，抱着"做真正的好手机"的想法，OPPO正式进入手机市场。

手机及智能终端时代：2008—2018年

OPPO的手机业务发展包括功能机和智能机两个阶段。2008年5月，OPPO推出第一款手机OPPO A103。这款手机设计独特，手机正面整齐排布、略带弧度的功能键之上，是接近2/3正面大小的2.4寸屏幕；手机背面的独有特征，是占据上半部分显要位置的卡通笑脸，因此被称为"笑脸手机"。这款手机一上市便受到用户尤其是年轻女性的广泛好评，由此，OPPO积累了第一批忠实用户。

"笑脸手机"为什么能够热卖？这与OPPO的产品策略有关。进入手机市场时，OPPO采取的策略是"以用户为中心打造精品"，"笑脸手机"充分体现了OPPO的"精品战略"。"笑脸手机"主要面向年轻时尚用户，特别强调产品的设计美学，手机背后的摄像头、自拍镜和扬声器组成一个大大的笑脸，成为OPPO"至美科技"理念的最早代言。

在功能机上，OPPO分别推出OPPO Real和OPPO Ulike两大系列手机。2009—2010年，OPPO先后推出20多款Real系列及多款Ulike系列手机，后者的核心卖点是"音乐手机"。

2011年，伴随着移动互联网的蓬勃发展，OPPO决定转型进入智能手机领域。同年8月，OPPO推出首款智能手机Find X903，这是第一款国产的侧滑安卓智能手机。OPPO进入智能手机领域时坚持"科技驱动创新"的策略，但是首款智能手机的推出并不顺利。Find X903手机当时过于追求创新，在设计上追求"差异化"。例如，特意避开iPhone的直板造型，采取双层滑盖，手机的厚度因此超过1厘米，重量也达到了199克，这导致Find X903的市场销售并不成功。陈明永和团队对此深刻反思，认为在这款智能手机的设计上过于强调前沿科技，忽略了用户的需求，于是提出以"用户需求"和"前沿科技"双轮驱动的方式进行产品设计的新策略。

Find X903手机在市场上的不利表现，让OPPO意识到手机的体积与厚度对用户体验有很大影响。为了能给用户带来好的体验，"做更轻便的手机"成为OPPO设计手机的新方向。2012年6月，OPPO推出Finder手机，这款手机至薄处仅有6.65mm，是当时全球最薄的手机。Finder上市后非常成功，获得用户好评。借助Finder手机的上市，OPPO在"超薄"智能手机领域实现了引领。

除了Find系列手机外，OPPO同时期还推出U系列、R系列、N系列和K系列等产品，每一系列产品都精准定位不同的市场。例如，OPPO的U系列手机精准定位女性市场，R系列产品精准定位追求时尚的年轻群体，N系列产品专注于影像和拍照，K系列产品主打线上，聚焦追求性价比、玩游戏的群体。

2008—2017年，经过十年的发展，OPPO在产品上实现了从功能手机到智能手机的跃迁，成为智能手机中端市场上的领导者。IDC公布的数据显示，2017年OPPO全球销售了1.118亿部手机，全球市场份额达到7.6%，巩固了全球第四的位置。

智慧生活：2018年—

2018年，全球"智能手机"出货量开始下滑，这意味着手机行业进入存量市场时期，OPPO与大多数手机企业同样面临着持续增长的挑战。为了突破增长困境，OPPO制定了两项重大战略：第一，进行品牌升级；第二，从硬件企业向生态企业转型。OPPO确定了新的战略：成为研发技术型公司，打造世界一流品牌，构建万物互融新生态，为全球用户提供怦然心动的多场景智慧产品及服务。

对OPPO而言，实现从"中端品牌"向"高端品牌"的升级绝非易事，尤其是伴随着IoT、AI、5G等技术的深入应用，智能手机和其他智能终端产业的技术含量急剧上升，而OPPO的技术积累相比苹果等头部手机企业并不占优势。OPPO意识到了自己在技术上的短板，于是在新的战略规划中明确成为"研发技术型企业"的战略意图，投入数百亿元研发费用，不仅持续关注5G、人工智能、AR、大数据等前沿技术，还要构建底层硬件核心技术及软件工程和系统能力。

OPPO以Find系列手机启动进入高端市场的策略，将Find X系列打造成高端手机，表明其对未来的探索和对美好梦想的追求。2018年，OPPO发布Find X手机，这是OPPO首款全面屏手机。此后，OPPO不断推出Find系列产品，2020年之后，先后推出Find X2、Find X3、Find X5等高端手机。同时，OPPO洞察到未来手机新形态的趋势，于2021年底发布全新的高端折叠旗舰产品Find N。

除了打造高端品牌手机之外，OPPO另一个策略是继续保持在中低端市场上的竞争力，先后推出Reno系列、K系列手机。Reno系列主攻中端市场，这一系列手机的品牌主张是用丰富的想象力来表达人性温度，创造和记录生活中的美好时刻，成为主流品质潮流的引领者。2019—2022年，Reno系列共发布9款产品。轻薄的机身和色彩美学是Reno系列最大的卖点。K系列产品定位于高性能，表达的是硬核少年的热血浪漫与英雄梦想，核心卖点是"强悍游戏芯"。2018年10月，OPPO正式发布K系列首款新机K1。从K1到K9，OPPO在主打互联网人群的K系列中采用跨越式命名，以此强调手机的迭代变化。

在生态战略中，企业需要布局多智能终端，这些智能终端在本质上是"应用服务"的载体。从2019年开始，OPPO加快布局多智能终端的战略节奏，其战略目的是构建面向未来的多入口智能硬件网络，以多智能终端驱动未来发展，从而深化硬件、软件和互联网服务一体化战略，为用户提供更多革命性、简单便捷的智慧科技生活体验。

精一战略：在动荡的环境中"韧性增长"

在万物互融时代，智能手机只是OPPO深度服务用户的载体。为了应对万物互融的新趋势，OPPO在战略上采取"3+N+X"的科技跃迁战略。具体来说，"3"指硬件、软件和服务的基础技术。作为一家软硬服一体化的科技企业，OPPO需要提升软硬服一体化能力。硬件是体验的载体，OPPO的战略是以通信和计算为核心，持续提升硬件基础技术能力；同时，通过多端共用的基础软件、组件化的系统架构、一站式的工程平台实现分布协同、端云一体、服务融合等综合系统软件能力，支撑多终端、多场景、多市场。"N"是OPPO长期构建的能力中心，包括人工智能、安全隐私、多媒体、互联互通等。"X"则指OPPO差异化的技术，包含影像、闪充、新形态、AR等。OPPO的战略意图是投入战略性资源打造差异化的技术点，给产品带来颠覆性的创新，从而革新用户体验。

经过2019—2022年的探索，OPPO的生态战略越来越明晰，即围绕智慧文娱、智慧生产、智慧学习和智慧健康等四大智慧主题，为用户提供"智慧生活"。

精一战略：ONE模型

从2004年成立到2022年，OPPO在战略上实现了从播放器企业向智能手机企业的转型，并在万物互融时代开启向"智慧生活"生态企业的转型。两次重要的战略转型不仅成功地实现了业务的重新组合，而且在业绩上获得持续增长。这得益于OPPO所实施的独特战略模式。笔者将OPPO所遵循的战略模式称为"精一战略"。"精一"这一概念源自《尚书》中

"惟精惟一，允执厥中"。这句话的深刻含义是坚守事物的本质规律，并在多变的环境中保持动态平衡。

基于对OPPO战略模式的深入观察与研究，笔者发现"精一战略"包含三个维度：聚焦于机会（Opportunity），做专市场；聚焦于前沿科技（New-technology），做精产品；聚焦于体验（Experience），做深用户。笔者将这一模型称为"精一战略"ONE模型（见图2）。

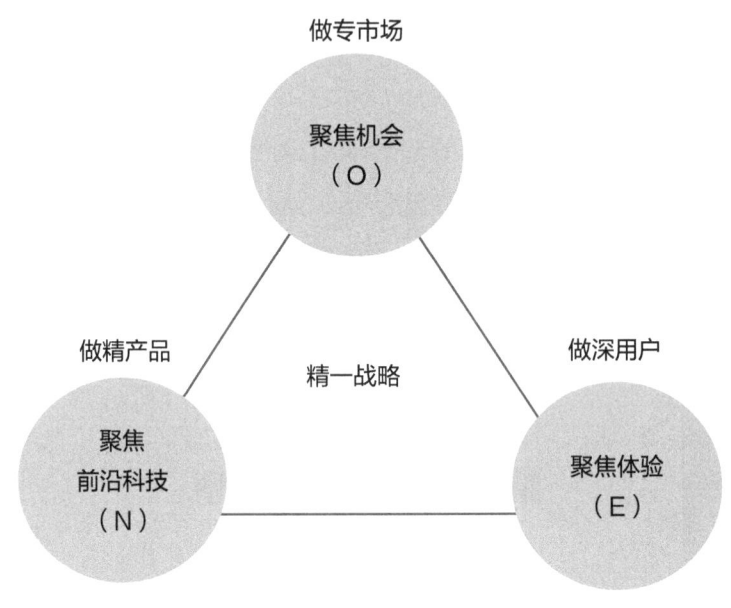

图2 精一战略：ONE模型

聚焦于机会，做"专"市场

战略的本质是选择，企业的可持续增长来源于对市场机会的选择。聚

精一战略：在动荡的环境中"韧性增长"

焦于有"比较优势"的机会，保持战略定力，把业务和市场做专、做精、做深，是OPPO"精一战略"的核心。

OPPO在其发展过程中，对进入什么业务领域、什么市场制定了严格的筛选标准，其选择业务领域的核心标准是要有足够长的"坡度"和足够宽的"赛道"。陈明永认为，只有这样的业务领域才有足够大的市场，才有足够多的机会，才有足够的增长潜力，才值得OPPO一心一意、长期有激情地坚持做下去。

市场机会的大小是OPPO选择业务领域的标准，但不是唯一标准。OPPO在战略选择时还要考虑自身是否拥有"比较优势"，不具有"比较优势"，即使市场机会再大，OPPO也不会轻易进入某一业务领域。例如，OPPO在创业早期曾经尝试进入液晶电视机行业。从市场机会角度来看，当时电视机是消费类电子行业规模最大的市场，液晶与等离子电视机发展迅速，市场机会非常大。但是，OPPO进行能力评估时发现，电视机产品最核心的零部件——屏幕面板占据电视整机近八成的成本。作为液晶电视整机制造厂商，OPPO面对电视机面板等核心产品几乎没有任何议价能力。OPPO的优势是做好一个产品，为用户或行业创造独特的价值，但这一产品能力在电视机业务上并没有"比较优势"，而且OPPO的供应链管理能力较弱。几经权衡，OPPO最终放弃了液晶电视机业务。

一旦选择了自身有"比较优势"且市场机会大的业务领域，OPPO就开始"修炼"专注于业务领域的战略定力。

首先，把资源和能力聚焦在核心业务和核心市场上。高层管理者时刻告诫自己和团队要抱定长期主义，不能为眼前的、短期的利益改变初心。每做一件事、每做一个决策，都要为未来加分，为企业更健康、更长久地发展下去加分。

其次，保持对成长速度的敬畏。OPPO制定的成长原则是保持足够的最小成长速度。所谓"足够"是要求跑赢行业和市场增速，可以贡献足够的增长规模和利润，支撑公司进一步发展，激发组织活力；所谓"最小"是要求公司业务保持可控的健康增速，日拱一卒，避免过速的增长或大起大落带来公司管理和组织风险，催生浮躁投机心态。这一原则显然蕴含了两个方面的含义：一方面是增长速度要足以激发组织活力，另一方面是组织能力要能跟上增长速度。在市场红火的时候，企业要对增长有约束和敬畏；在外部大势不好的时候，企业要有增长的激情和挑战精神。每年要保持相对稳健的增长速度，既不要爆发式增长，也要避免业务增长陷入停滞。正是由于保持了对成长速度的敬畏，OPPO公司抵制了不少可以带来短期增长的诱惑，远离了那些偏离主航道的投机性市场机会。

聚焦于前沿科技，做"精"产品

OPPO"精一战略"的第二个维度是聚焦于前沿科技，做"精"产品。OPPO一直将"打造伟大的产品"视为其核心竞争优势的基石，在产品战略上长期坚持这一原则，坚持将前沿科技与用户需求紧密结合，聚焦用户核心需求，简单专注打造爆品。在"精一"战略思维的指引下，OPPO公司聚焦资源和投入，注重产品打磨，形成差异化竞争力。设计产

精一战略：在动荡的环境中"韧性增长"

品时精准定位用户，并深度聚焦用户的核心需求，找出细分的差异化卖点。例如，OPPO发现摄影技术是手机功能表现的关键一环，拍照成为消费者日常生活需求，于是2012年开创自拍美颜时代，在产品功能和营销上提出"拍照手机"的概念，在消费者心目中建立了独特的心智认知，一直保持行业领先。

战略是宏大的，能力是有限的。如果没有能力支持，宏大的战略是无法执行的。OPPO公司在转型的过程中，坚持"科技驱动成长"的策略，利用科技创新不断塑造核心能力，并将前沿科技应用到产品开发中，做出"精品"，从而真正解决用户的痛点。例如，由于智能手机功能多，屏幕大，耗电快，电池和充电速度成为手机表现的掣肘，智能手机日益增多的使用场景，需要更大的电池容量和更快的充电速度。OPPO公司洞察这一痛点，通过提升充电速度来解决问题。2014年OPPO公司发布VOOC闪充技术，带动充电技术的革新和普及。2015年，当OPPO R7发布时，"充电五分钟，通话两小时"被广泛认知。在2022年MWC世界移动通信大会上，OPPO正式推出150W长寿版超级闪充及240W超级闪充。目前OPPO在充电技术方面依然处于领先。

OPPO意识到，前沿科技是"精品"之基，"精品"是前沿科技之果。在万物互融时代，必须通过关键技术关键问题。一个科技公司，如果没有底层核心技术，就不可能有未来；没有底层核心技术的旗舰产品，更是空中楼阁。如果OPPO不能掌握前沿科技，精品战略只能是一句空话。正是基于以上认知，OPPO加大了对芯片等底层核心技术的投入。2021年

12月，OPPO发布首个自研芯片马里亚纳X（MariSilicon X），这是OPPO自主设计、自主研发的影像专用NPU芯片。OPPO自研芯片的策略从根本上支撑OPPO提出的3+N+X的科技战略。该战略的核心是从芯片切入，主攻底层核心技术，让软、硬、服发挥协同优势，把用户体验的一致性和一贯性真正做好。

打造伟大的产品仅依靠前沿科技是不够的，唯有科技与人文的融合才能真正打造出伟大的产品，才能真正做出让用户喜爱的精品。陈明永认为，在手机行业中，一些旗舰手机的发展，往往伴随着唯参数论、配置论，却忽略了本质——对人的尊重。OPPO要秉持"科技为人，以善天下"的使命，坚持"致善式创新"，实现每一个用户对科技、对美、对人性的追求。OPPO在产品的美学设计上尊崇"易简设计"的理念。"易简"来自《易经》中"乾以易知，坤以简能"这句话，以求在变化与简化中寻找平衡。"易"代表勇敢突破、大胆创新的变化，"简"表示实事求是、追求本质的简化。"易简"在追求与众不同的变化时实现形式和过程的简化，两者融合，把合理做到极致。Find X是OPPO"易简"设计理念的代表性产品，这款手机利用正反无孔的全新设计，主打3D结构光和人脸解锁功能，这也是安卓生态中第一款搭载3D结构光和人脸解锁的手机。

聚焦于体验，做"深"用户

"精一战略"的第三个维度是聚焦于体验，做"深"用户。从OPPO

产品的演进历史来看，聚焦于用户的"极致体验"是OPPO长期坚持的基本原则。不管是创业早期的MP3、MP4、DVD产品，还是后来的手机产品、IoT硬件产品，OPPO都将提升产品的体验价值作为驱动产品从设计、生产到上市全流程的核心标准。例如，OPPO推出的Find N折叠屏手机就解决了"屏幕折痕严重""机身可靠性差""开合不自由"等被用户诟病的几大难题。这款手机采用自研精工拟椎式铰链技术，屏幕弯折时可以形成自然的水滴形状，从而有效减轻视觉折痕。得益于独特的硬件形态和软件适配，Find N首次在大屏折叠屏手机上实现了大屏、分屏、悬停等多形态智能交互，在生活、娱乐、工作等诸多场景为用户带来创新体验。

为了增强和提升全公司聚焦于"极致体验"的意识和能力，OPPO将"All for one"（一切以用户体验为核心）上升为公司的战略宣言。其中"one"代表用户体验，它是OPPO打造伟大产品的出发点，是做"深"用户的基础点。尤其是在从增量市场竞争向存量市场竞争转型的过程中，用户体验成为企业未来核心竞争力的基石。如果用户在使用现有产品时无法得到很好的体验，企业也就无法做深用户，无法为用户提供相互锁定（lock-in）的其他产品与服务，这也是OPPO将提升"用户体验"视作一切工作核心的根本原因。

为了做"深"用户，OPPO构建操作系统ColorOS，实施"软件+硬件+服务"的三位一体化战略。除了手机硬件，OPPO还搭建智能电视、穿戴、声学及其他配件等IoT产品矩阵。OPPO的策略是通过ColorOS把周边的智能设备连接起来，构建一个完整的智能终端生态。同时，通过软件商店为用户提供云服务等内容，为全球用户打造全场景无缝体验的数字生活。截至2022年3月，ColorOS全球用户规模突破了5亿，这是OPPO在存量市场竞争中能够获得竞争优势的最大资产。OPPO的生态战略目标就是通过跨场景、跨终端、跨应用，为用户提供智慧懂你、无缝连接、信赖安全、创新设计的完整体验，满足人们对品质生活的向往，让每一个用户享有科技带来的怦然心动的美好。

2004—2022年，OPPO在近18年的发展历程中，在方向上有过战略动摇，在业务上有过战略放弃，但始终坚持"精一战略"的基本原则。"精一"的思想已经在不知不觉中渗透到公司的管理和经营中，成为OPPO企业文化中不可或缺的一部分。聚焦于机会、聚焦于前沿科技、聚焦于用户体验，在此基础上做"专"市场、做"精"产品、做"深"用户，这些基本原则正是OPPO能够在高度动荡的环境中保持韧性增长的密码。

平衡战略"一致性"与"敏捷性"

对那些在高度动荡的环境中想保持韧性增长的企业而言，本文基于OPPO案例所提炼出的"精一战略"ONE模型具有重要的战略意义，因为这一模型不仅涵盖韧性增长需要解决的核心问题，而且引导企业平衡战略的一致性与敏捷性（见表1）。

表1 平衡战略一致性与战略敏捷性

	战略一致性	战略敏捷性
机会（O）	聚焦机会 做"专"市场	• 选择有比较优势的市场领域 • 动态地调整业务组合 • 灵活地调整增长速度
前沿科技（N）	聚焦科技 做"精"产品	• 将前沿科技与应用科技动态匹配 • 将前沿科技与产品战略动态匹配 • 将产品组合与用户需求灵活匹配
体验（E）	聚焦体验 做"深"用户	• 利用多品牌动态覆盖全用户 • 利用"软硬一体化"模式动态地创造全生命周期价值 • 利用"平台生态一体化"模式动态地创造全场景价值

在什么领域创造价值

韧性增长首先需要解决的问题是"在什么领域创造价值"，这一问题事关企业的战略选择和市场布局。"精一战略"在市场选择上的一致性原则是，聚焦机会，做"专"市场。

要想在动荡的环境中保持韧性增长，企业需要塑造战略洞察力，善于捕捉、发现潜在的市场机会。一旦发现了大机会、大市场，就需要保持战略定力，深耕市场，把市场做专、做透。相反，如果企业不能保持战略定力，没有战略耐心，肤浅地游走在多个市场的边缘，不能深耕市场，就无法获得持久性的竞争优势。

企业在市场选择时还需要保持一定的战略敏捷性。第一，企业需要动态地将外部的机会与自身的优势进行比较。并不是所有的"机会"都是真正的机会，有些看起来有很大容量的市场领域可能不是机会而是"陷阱"，企业需要选择有比较优势的市场领域，将自身的优势转化成竞争力，从而获得增长的机会。第二，企业需要动态地调整业务组合。在一个市场容量大的领域中，用户的需求呈现多元化的特征，企业很难为用户提供"全需求"的产品和服务，这就需要企业不断地调整业务组合，在一个个细分市场领域中获得竞争力。第三，企业需要灵活地调整增长速度。合理的增长速度既与整个行业的增长速度有关，也受企业自身能力和资源配置影响。高韧性的企业对成长速度有敬畏之心，它们从来不追求爆炸式的高速增长，而是不断根据内外部的环境变化动态地调整企业的增长速度，让企业的增长稳健且可持续。

如何创造价值

韧性增长需要解决的第二个问题是"如何创造价值"，这一问题事关企业的增长动力。"精一战略"在增长动力上的一致性原则是，聚焦前沿科技，做"精"产品。

毫无疑问，产品是价值的载体。如果没有精品，企业就无法俘获用户的芳心，增长更是无从谈起。然而，精品不会凭空而生，精品是前沿科技的呈现，没有前沿科技就很难有真正的精品。这就需要企业加大科技资源的投入，在资源配置上高度聚焦前沿科技，以科技驱动成长，并不断塑造核心竞争力。

企业在前沿科技的投入与应用上需要保持战略敏捷性。首先，将前沿科技与应用科技动态匹配。前沿科技投入期较长，而且科技成果转化较慢，这就需要企业在制定科技战略时要充分平衡前沿科技与应用科技的比重，平衡二者的资源配置。其次，将前沿科技与产品战略动态匹配。尽管

精一战略：在动荡的环境中"韧性增长"

前沿科技成果能够给企业带来持续的竞争优势，有利于企业建立基于专利的"护城河"，但是，企业也需要将前沿科技与产品战略动态地匹配起来，否则，就无法将前沿科技成果转化为令用户惊艳的产品。最后，将产品组合与用户需求灵活匹配。如果企业掌握了底层的前沿科技，就可以相对容易地生产出各种终端产品，形成多样化的产品组合。这些产品组合需要与用户需求灵活地匹配起来，尊重客户的产品需求、服务需求和价值需求。

创造什么价值

韧性增长需要解决的第三个问题是"创造什么价值"，这一问题事关企业的增长本质。"精一战略"在增长本质上的一致性原则是，聚焦体验，做"深"用户。

高韧性的企业意识到用户价值是增长的本质与目的，只有为用户创造独特价值的增长才是可持续的、有韧性的。在数字经济时代，企业仅为用户创造基于产品的功能性价值是不够的，还需要创造基于场景的体验价值。只有聚焦体验价值，企业才能够为用户创造终身价值，才能够把一次性交易用户逐步变成终身用户。企业为终身用户创造价值的大小决定了企业增长的潜力。

企业在聚焦体验做"深"用户时要保持战略敏捷性。第一，利用多品牌动态地覆盖全用户。全用户包含低端、中端和高端三类消费群体。当增长机会从增量市场转向存量市场时，企业为了保持一定的增长速度，通常需要扩大用户群，利用多品牌来覆盖全用户。但是，实施"全用户战略"并非易事，而企业从中低端品牌向高端品牌升级，比从高端市场下沉到中

195

低端市场面临的挑战更大。这就需要企业精准地评估自身的优势与能力、品牌价值，动态地覆盖全用户。第二，利用"软硬一体化"模式动态地创造全生命周期价值。全生命周期价值是从时间的维度延长为用户提供服务的周期，将交易用户变成终身用户。在数字经济时代，智能硬件产品逐步演变成内容和应用的载体，利用"软硬一体化"模式为用户创造全生命周期价值将成为企业新的增长点。企业需要基于用户的体验需求，动态地将智能硬件与内容和应用匹配起来，相互锁定，为用户创造极致的体验价值。第三，利用"平台生态一体化"模式动态地创造全场景价值。全场景价值是从空间的维度拓展为用户提供价值的范围，从而为企业找到新的增长点。企业需要基于用户的场景需求，利用平台生态一体化模式，动态地识别用户的核心场景来创造体验价值，从单一场景到垂直场景，再从垂直场景到融合场景，从而实现从单场景价值到全场景价值的升级。

面对未来高度不确定的发展环境，越来越多的企业感受到增长的压力，如何在不确定的环境中寻找增长点是高层管理者当下面临的巨大挑战。"精一战略"ONE模型揭示了企业在不确定环境中获得韧性增长的基本原则，这一模型表明，用户是价值创造的源头，也是企业价值创造的原点，企业唯有为用户持续创造价值，才能获得持续增长。在价值创造的过程中，既要保持战略的一致性，又要保持战略的敏捷性。战略一致性能够让企业在多变的环境中保持战略定力，顶住压力，抵制诱惑，坚持做正确的事情，不忘初心与使命。战略敏捷性能够让企业在面对用户需求变化时保持战略适应力，快速创新，防止僵化，洞察用户的真需求，灵活地为用户创造极致的体验价值。

赤子心峥嵘路：张謇精神对中国式管理现代化的启示

张志鑫　郑晓明

张謇是"爱国企业家的典范""民营企业家的先贤和楷模"。作为中国科举史上最后一位状元，张謇深受儒家"以天下为己任"思想的影响，主张实业救国、教育兴国、文化自信，开办了大生纱厂，在义与利、公与私、家与国之间重塑商业伦理。张謇实业之举对于当下如何将企业管理实践与中华优秀传统文化相结合，探索中国式管理现代化发展模式具有借鉴意义。

习近平总书记在党的二十大报告中指出，中国式现代化"既有各国现代化的共同特征，更有基于自己国情的中国特色"。中国式管理现代化就是根植中国的具体实践与历史文化传统，使中国情境、中国特色的企业管理在中国大地落地生根，被企业领导、员工所接受并运用。习近平称赞张謇是"爱国企业家的典范""民营企业家的先贤和楷模"。张謇深受儒家"以天下为己任"思想的影响，具有强烈的爱国情怀，认为"士负国家之责，必自其乡里始"。作为中国科举史上最后一位状元，他坚持读书人应有报国之志，承担建设家乡和造福桑梓的重任。纵观历史，张謇实业报国，那句"时时存必成之心，处处作可败之计"的动人话语，既流露"筚路蓝缕、栉风沐雨"的创业维艰，也蕴含"民胞物与、己溺己饥"的惠民情怀。张謇精神是中华儒家文化的集中体现，是家国情怀与经济理性的有效结合，是在义与利、公与私、家与国之间重塑的商业伦理。因此，张謇实业之举对于当下如何将企业管理实践与中华优秀传统文化相结合，探索中国式管理现代化发展模式具有借鉴意义。

张謇贡献

张謇（1853—1926），字季直，号啬庵。江苏南通人，祖籍江苏常熟土竹山，生于江苏省海门直隶厅长乐镇（今江苏省南通市海门区常乐镇）。1894年高中状元，是中国近代实业家、政治家、教育家、书法家。张謇是中国棉纺织领域的开拓者，主张"实业救国"，在南通兴办一系列文化教育事业，开创唐闸镇工业区，使南通成为我国早期的民族资本主义工业基地之一。张謇一生创办20多家企业和370多所学校，为中国近代民族工业兴起、教育事业发展做出巨大贡献。

"实业救国"推动经济发展

甲午战争中，清政府战败后，张謇放弃状元身份，投身实业，提出"实业救国"主张。从筹办南通大生纱厂始，张謇陆续兴办数十家企业，堪称"中国近代第一实业家"。他提出发展经济是国家强盛的基础，重点在于以新技术发展重工业及采用"棉铁主义"的工业路线。他鼓励发展民间资本，重视发展商业，并将"办学堂育人才"作为发展工商业的支撑。为振兴实业而培养人才，为培育人才而兴办学校、办师范，为办学校而兴纺厂。张謇建立大生纱厂赚得第一桶金后，不断拓展商业版图，围绕纺织业兴办一系列上下游企业，形成庞大的"大生系"资本集团，南通地区因此成为中国著名的实业模范区。

"教育兴国"开启国民心智

张謇提倡"父教育"，他创办的通州师范学校是中国第一所独立设置的师范学校，是中国专设师范教育机关的开端。1905年，张謇与其合作者在吴淞创办复旦公学（复旦大学的前身）。1909年，倡建通海五属公立中学（今江苏省南通中学），并创办上海高等实业学堂船政科，称为"吴淞商船专科学校"（上海海事大学的前身）。1912年，张謇在老西门创办江苏省立水产学校，1913年改称"吴淞水产专科学校"（上海海洋大学的前身）。1915年，创办"河海工程专门学校"（河海大学的前身）。1917年，在张謇的支持下，同济医工学堂（同济大学的前身）在吴淞复校。1920年，张謇为主要创建人之一的国立东南大学成立。此外，他还陆续创办图书馆、盲哑学校等。值得一提的是，张謇深受中华优秀传统文化熏陶，在兴办教育中提出"道德优美、学术纯粹"，认为"学术不可不精，而道德尤不可不讲，首重道德，次则学术"。道德是做人的准则，学术是成才的关键。同时秉承"学必期于用、用必适于地"的教育理念，扎根中国大地办教育，将学校教育与社会发展相融合，教育提升社会文明程度，社会经济建设促进教育事业繁荣，二者相辅相成。

"文化自信"展示华夏文明

张謇具有强烈的文化意识及改良社会的使命感。1903年创办的翰墨林印书局是中国近代颇具影响力的印刷出版机构。翰墨林印书局兼营书画交易与装裱等，促进了当地书画界的交流。张謇利用印书局编印习字帖供学生临摹学习，并将自己写的部分字帖印刷发行，促进了近代书法的交流与传承。1905年，张謇以个人力量兴建南通博物苑，开中国文博事业之先河。为扩充馆藏量，张謇广泛征集文物，起到保护文物的作用。1905年，张謇成立中国图书有限公司，未用"企业以盈利为目的"的商人思维来经营发展，而是以"巩护我国教育权、驱策文明之进步、杜绝外人之觊觎、消弭后来之祸患"为宗旨，兼顾社会责任和文化信仰。

赤子心峥嵘路：张謇精神对中国式管理现代化的启示

大生纱厂

大生纱厂是张謇于清末创办的一所私营棉纺织企业。1895年，张謇以两江总督张之洞委派"总理通海一带商务"名义，筹划在南通创设纱厂，面临的最大困难就是集股筹资。1898年，纱厂在南通唐家闸动工兴建，1899年建成投产，即大生一厂。

大生纱厂名称取自《周易·系辞传》"天地之大德曰生"，张謇之所以取名"大生"是因为"一切政治及学问最低的期望要使得大多数的老百姓，都能得到最低水平线上的生活"。"大生"二字表明了张謇的实业理想，即天地间最大的政治是国计民生。克服诸多困难得以经营发展的大生纱厂离不开张謇对实业的追求，在市场混乱、融资困难和环境恶劣的近代中国，张謇充分利用状元身份，创新地将"官督商办"改制为"绅领商办"，一手将大生纱厂发展为中国纺织业的标杆，在巅峰时期曾占全国纱锭总数的11.9%。因此，大生纱厂对于解读中国近代企业制度的起源和生成都有极强的实践启示。

首先，大生纱厂是典型的"绅领商办"的经营模式。为解决大生纱厂筹办过程中集股不顺的困难，张謇独创性地提出"绅领商办"的运营模式，与合伙人商议以机器为资本作价25万两官股，约定官股不涉及盈利亏损只收取利息。值得一提的是，"官董"并未参与企业日常经营，偶在股东大会等正式场合开展象征性活动。表1为大生纱厂原始资本来源。

表1 大生纺织公司筹资资本来源

单位：两（规元）

项目	官股	商股				官商股
		地方公款	私人及团体投资	未确定成分股	合计	合计
股额	250000	41900	107200	46000	195100	445100
比重 /%	56.17	9.41	24.09	10.33	43.83	100

资料来源：姚清铁等大生系统企业史编写组整理。

其次，大生纱厂体现张謇威权型领导特点。大生纱厂成立初期，张謇在公司所占股份未超过5‰，从现代治理视角来看，张謇未能取得对大生纱厂的控制权。但是在建厂初期近二十年的时间内，张謇在大生纱厂的话语权无人可匹及，原因在于张謇具有独特的威权型领导风格。这一威权既建立在其官绅双重身份和地位上，也建立在张謇的德行、经验和口碑等个人特征上。威权型领导风格为起步阶段的大生纱厂带来了治理"红利"。例如，融资举债是大生纱厂早期发展的困境难关，正是依赖张謇的个人威权和社会声望，大生纱厂能够便利地吸收民营资本和社会资本入股公司。此外，税务负担同样是大生纱厂面临的难关，张謇运用其状元身份，构建良好的政商关系，利用官方力量减免税厘。

最后，大生纱厂是典型家族式企业运营模式。家族式企业运营模式帮助大生纱厂在内忧外患的背景下取得竞争优势。张謇将与自己沾亲带故且商业经验丰富的本土商人安排至大生纱厂的重要岗位，由此成为大生纱厂创建初期的核心团队。这些被张謇委以重任的管理人员既熟稔市场行情，又在生产管理方面"督工甚勤，竟日无懈"，帮助大生纱厂顺利站稳脚跟。此外，大生纱厂选用的工人普遍来自南通地区，本地用工模式的优点是用工成本较低，当时每日男工工资均价为0.55元，每日女工工资均价为0.45元，而大生纱厂日均工资在0.1元左右，远低于当地工资水平。

张謇思想及其对中国式现代化的启示

"利缘义取"的伦理责任

"义"与"利"是阐发道德理念和财富物质、个体私利和群体价值的重要内容。"义"即"人之正路也"，指正义、道义和公正，是利于集体、群体的行为准则和道德标准，属于精神思想范畴。"义"通常与"利"并举，"利"是能满足个人生存需求的利益和功利，属于物质利益范畴。

张謇的"义"是救亡图存、救民于水火的"民族大义"。营商获利并非贪图钱财富贵，而是实现大义的手段和工具。张謇躬身入局的核心动机绝非出于利润和财富，而是"言商仍向儒""舍身喂虎，认定吾为中国大计而贬，不为个人私利为贬，庶愿可达而守不丧"。由此可见，张謇筹资办厂属"养民之大经，富国之妙术"。张謇的"利"是"公共之利"，而非个人私心私利。他认为 "利"兼具企业、个人的小利及国家、民众的大利。其中，充分体现张謇"公利"特质的是"众仆"与"公仆"之分。张謇在大生纱厂拥有经营话语权，但是所占有股份比例较低，类似于现代企业中具有为股东服务性质的职业经理人，是为股东服务的"众仆"，承担基本经营职责。同时，他是为社会服务、为人民谋利的"公仆"。"公仆"造福大众，彰显世界"大义"。正如他所说，"鄙人志愿并不在专为股东营余利，实欲股东斥其余利之所积若干成，建设公共事业，为一国立些模范"。因此，张謇将"义利"融合于大众和国家之中，是公利和私利的结合。

值得一提的是，张謇通过书法特长为社会公益事业筹集经费。作为状元和书法家，张謇曾试图通过"卖字"为育婴堂筹款，计划每季度凑足500元，一年筹资2000元以供100名幼童生活之用。晚年的张謇不顾年事已高，每日持续写字两个小时。他曾在报纸上登过不止20次广告筹资，两年共收入2万余元，全部投入慈善事业中。

张謇"兼济天下苍生"的义利观对中国式管理现代化具有启迪之效。实践表明，现代企业社会责任和企业家精神，本质上就是意蕴深厚的"义利观"作为商业道德准则在当代中国经济社会的具体体现。"义"表征企业活动需遵守社会伦理规范，"利"体现企业基本经济活动和社会行为。中国式管理现代化要求企业避免狭隘的利益价值观，即避免一味追逐经济价值。正确做法是遵守符合公利要求的伦理规范，尊重、爱护和珍视社会公共利益，实现多元价值追求并承担企业社会责任，致力造福桑梓和服务社会。

诚然，"守义"存在成本，充满风险，企业要生存自然需要追求利益，但是中国式现代化企业的本质绝不是哈里·科斯新制度经济学理论下的"价格机制的替代物"以及"追求利润最大化和成本最小化的组织"。

西方企业片面强调工具理性的功利性，认为资本世界运行是"工具理性"的功效结果，其理性取向主要关注经济主体行为"目的"有效性及"手段"效率性。所谓的"科学理性""工具理性"的边界无远弗届，不可避免导致了以道德伦理为特征的"价值理性"被掩蔽和落寞，造成企业伦理的缺位。

当代中国企业家要向张謇等实业家前辈学习，认识到新时代的"义"绝不是停留在"九经三史"的僵化思想，需要躬行社会关怀。当前，我国平台型企业持续出现数据滥用、信息泄露和垄断经营等社会责任异化现象，暴露出的就是物质主义观念"利"的僭越所导致的伦理危机。

因此，中国式现代化企业家力行新时期的"义利观"，就是儒家思想通过"君子"人格创造价值的应有之义，是传统之道在变局下的复兴体现，是伦理之训在新形势下的实践体认。企业家应努力成为拥有法治宗旨、契约意识和守约观念的中国式现代化的"义贾"。

"以人为本"的惠民情怀

张謇将"以人为本"的思想充分融入实业救国之中，推崇"尊圣崇经"，向往古代圣王的"仁人"境界。张謇反对将工人视作抽象、封闭和隔绝的个体，而是将其视为社会关系的存在。例如，张謇为解决工人居住问题，决定在工业区域为工人设置住房。当时，周边的工人简易住所被大火意外烧毁，导致大量工人居无定所，加之大生纱厂职工多数为纺织女工，每日上下班通勤辛苦。张謇下决心彻底解决工人住宿问题，于是亲自出资购置土地，以联排住宅形式规划建设职工公寓，形成了老工房、西工房、南工房等建筑群，有效缓解了工人住房紧张的问题。相关建筑遗址位于现在的唐闸古镇，成为张謇"以人为本"的佐证。再如，为缓解工人工作压力，排解情绪，张謇在工业区修建公园帮助工人"逸而乐"，避免工人置身于"花柳街巷"以落得"青楼薄幸名"。公园建成后，工人在公园"有溪钓、有亭栖、有石坐、有茗品、有藤攀、有栏依"，果然不见"狎妓"之风。此外，张謇关注工人身体健康，创办医务室为工人防病治病。值得一提的是，1920年盛夏，当地暴发疫情，大生纱厂顶住资金短缺压力，果断停工停产杜绝疫情蔓延，此举充分体现出张謇将工人生命健康置于首位。

张謇坚持将"以人为本"作为价值准绳和道德规范来指引和制衡人与人之间的关系，本质是"爱人""泛爱众而亲仁"，强调以己心体恤他人心。如果企业经营无视他人的体验、情感和需求，就难以做到"仁者爱人"。当时西方实业界正盛行泰勒的科学管理思想，试图利用"第一流工人"提升职工生产效率，在此过程中，采用"胡萝卜加大棒"的方式将工人视为纯粹"经济人"。中国文化强调宗亲家族的社会秩序，即"家伦理本位社会"。在"差序格局"的关系网络中，交换关系更多表现出质朴的、情感的社会交换，而非简单的、纯粹的经济交换。因此，张謇并未采取西方管理的制度、条款、法规等硬性约束措施，而是认为中国式管理应呈现"家"的柔性，用情义引导，用"仁"的友爱善良感化和调节他人行为会更为有效。

新时代下，企业伦理意识和责任意识远超百年前，中国式管理现代化更应坚持"以人为本、人为为人"的核心理念，充分体现对人性的尊重、理解和温情。一方面，企业管理者应高度重视企业与人之间的亲密、和谐关系，强调人的发展性和再生产性。特别是在数字化转型时期，企业要避免将个人看作工具化、物化的"经济人"，不可一味依赖制度、条款、法规等约束措施，以苛刻的边界在管理中进行行为规范，更不可以简单采用"胡萝卜加大棒"的措施。另一方面，企业要尝试"德主刑辅"，通过伦理、礼教和教育等教化措施，对人的情感、内心和思想进行善意劝导，用文化方式激发人性向善，伸张个人的美与德，推动个体生命成为自我管理的主体。

"学古不泥古"的革故鼎新

吴良镛院士曾评价张謇"能在新与旧、中与西、保守与前进的撞击中摆脱出来，创造性地走自己的道路"。一方面，张謇"力倡新学新技"。用现在的眼光来看，这属于吸收引进继而进行本土化创新的过程。张謇深知要振兴工农业，必须学习先进国家日新月异的科学技术，重点是在生产机器设备上展开突破。他积极引进欧美机器设备，旨在"讲格致，通化学，用机器，精制造"。进一步地，张謇加紧发展技术，针对关键技术进行改良、仿制和改造，实现企业的增量发展和存量创新。资生铁厂是20世纪初为数不多的民营机械厂，张謇创办的资生铁厂集中力量研究英国、日本等国家的织布机、开棉机和经纱机等设备，通过不断创新，开发、生产、添置符合大生纱厂生产特点的纺织机器。与此同时，张謇坚持学习外国先进技术。他获悉日本北海道许士泰精励垦荒万余顷（1顷约等于66666.67平方米），获得显著成效，便专门去拜访许士泰，虚心学习"荒地为良田"的技术。彼时，许士泰成为张謇后续废灶兴垦的榜样，但张謇更是怀有竞胜之心要超过许氏。果然，张謇将通海、新南、华成、新通等公司的占地面积扩展至500多万亩（1亩约等于666.67平方米），年垦牧投资总额达2000多万两银。为了改良盐业生产效益，张謇坚持三年反复实验，前后借鉴日本法、海州法、松江法和浙江法等方式方法，取长补短并适度改良，取得不俗效果。最终，张謇创办的企业在精细化程度和规模效益等方面均超过许士泰。

另一方面，张謇开拓市场和创新治理模式。南通地区纺织业历来兴盛，张謇立足资源优势进行产业链延伸，如为降低采购棉花成本，开创通海垦牧公司，种植棉花。随着事业逐步扩大，张謇采取多元化战略占领新市场，陆续开办油厂、面粉厂、水利厂、船舶公司等。之所以创办这些企业，并非盲目"铺摊子"。例如，办油厂是为了充分利用棉籽，办船舶公司是满足纱厂的运输需求。因此，张謇以大生纱厂为链条轴心，开创了集上下游产业为一体的集团运营模式，为后来工商业经营创新提供良好参考。同时，张謇参考西方企业治理模式，设置董事会、总经理、监事并明确责权利，按照股权参与管理。创业伊始，资金短缺成为"拦路虎"，张謇探索融资方式，创新性地运用"绅领商办"模式，充分吸纳社会资金，有效处理国有资本和民间资本的共存关系、官商之间的权利关系，并于1907年将大生纱厂改制为"大生股份有限公司"，创建了中国近代首家民营股份制企业。

张謇"破法不悖法"的首创精神令人动容，可昭日月。胡适先生这样评价张謇："独力开辟了无数新路，做了三十年的开路先锋"。创新是实业家张謇傲人的品质，也是成就事业的活力所在，张謇无愧为社会创新者和国家建设者。现如今，中国式现代化企业更加离不开企业家创新精神。就政府而言，理应改善营商环境，深化"放管服"改革，营造公平市场环境，出台宽松政策，厘清政府和市场边界，充分释放市场主体活力，增强企业家对经济发展前景的信心。构建"亲清"政商关系，充分发挥政府服务型功能，聚焦企业需求，健全企业困难帮扶机制，做到"无事不扰，无处不在"，激发企业家创新热情。此外，从张謇的产业链延伸模式实践中，现代化企业要认识到"只有落后技术，没有夕阳产业"，应努力构建本土产业链话语体系，加强产业链本土化重构。产业链动态延展应立足于国内需求，支持我国技术领跑企业推动产业链本土发展，争取将全球分工体系下产业链高端部分融入本土体系。进一步，政府应支持本土企业组建区域性产业链技术同盟，形成产业链创新链优势互补的贸易利益共同体，提升我国企业技术创新的对赌能力。

"忠信笃敬"的抱诚守真

张謇作为"言信行果"的企业家模范，深知诚信之于生产经营的支撑作用。他秉承"忠信笃敬"的信用观，就是"忠则不贰，信则不欺，笃则不妄，敬则不偷"，将诚信视为生命线，自觉履行契约，即便面临资金周转困难，也坚决履行合同契约。在大生纱厂创办初期，张謇为应对资金短缺问题，无奈之下采取"尽花纺纱，卖纱收花，更续自转"的冒险自救方式。获得成功后，立即进行应付账款的核实结清工作。张謇本人极端痛恨假冒伪劣商品，当时市场上充斥着以次充好的棉纺织品，大生纱厂始终坚守诚信，确保以质量取胜。张謇强调企业立于不败之地离不开良好的品牌声誉。基于此，大生纱厂一厂积极打造"魁星"商标，彰显其状元办厂的独特性，在行业领域传递夺魁竞优的信心；大生二厂则积极打造"寿星"商标，运用民间喜闻乐见的神话人物来塑造良好的信用形象。张謇痛恨市场欺诈和不诚信，虽然当时市场上"信用堕落，疑窦丛生"，但他坚定认为"稍有欺诈，则信用难以保持，何以招徕主顾？便宜不过一时，损失终无尽期"，坚守笃信诚信是立身之本、成仁之道。例如，为贯彻"棉铁政策"，他创办纺织职业学校，旨在培养工人的实用技能，"所收学生，不限一省，来见习者不止一人，经费除公司股东以余利效此义务外，未尝受政府、社会，或他省、他人分毫之辅助，此心皎然，若揭日月"。然而，其他竞争企业闻讯派人学习，名则学习，实则扰攘，"暗中勾引男女工头、工人，加放工价、情同扇诱，虚言投饵，迹近拐骗"。张謇指责他们"鬼蜮伎俩，乃中国下等市侩与某国促狭分子之行为"。令人钦佩的是，张謇并未一味排斥，而是尽显君子待人之量，申明只要其他公司堂堂正正派人来学习，自己必然以诚相待，甚至可以商同筹划，代为招募。

诚信犹如空气和水，"受益而不觉，失之则难存"。张謇"言忠信行笃敬"的诚信对于中国式管理现代化的企业具有深刻启发。企业须深知

赤子心峥嵘路：张謇精神对中国式管理现代化的启示

"业不信不兴"，要像保护眼睛一样爱惜企业的声誉和信用。改革开放至今，我国企业家向来重视信用的建设和维护，无论是20世纪格力空调"海绵"事件、海尔"砸冰箱"事件，抑或近期全国"诚信兴商典型案例"名单中的诚信企业，无不彰显诚信对新时代企业生存和发展的美誉作用。例如，小熊美家探索生活性服务业诚信建设的"家政样本"，破解百姓身边烦心事；吴裕泰坚持质量诚信，将诚信文化融入"中华老字号"企业生产经营管理中，坚守产品品质，致力于卖老百姓喝得起的放心茶。同时，无视信用造成的惨痛教训必须警钟长鸣，如三鹿集团"三聚氰胺"等违背诚信经营造成数十年创造的资产化为乌有。

因此，中国式管理现代化就是企业诚信文化的养育过程。良好诚信自然离不开企业员工的共同营造。企业家要使用道德、伦理、责任相关的语言、信息、符号以及表现伦理评价的倾向性来影响员工的诚信行为。企业家要对企业内部的自利导向伦理氛围进行监控和杜绝，并营造规则导向的伦理氛围，培育和构建员工规则意识和职场操守，减少贪婪、破坏组织声誉和滥用组织资源等机会主义行为，使自身行为与组织伦理准则保持一致。事实上，良好的诚信氛围能够对员工产生"保留力""吸引力"。企业要努力抓住一切契机，向员工展示企业道德品质，通过榜样示范作用有效激发员工道德一致性的产生和塑造，减少以自我为中心的思维意识以及违背企业制度规范的欲念。

由此，中国式管理现代化促使企业妙用伦理激励，塑造诚信文化，拒绝责任漂移，形成道德价值观的集体认同。总之，"诚"是聚心之魂，

"信"为立足之本，中国式现代化企业要坚决杜绝欺骗公众、恶意违约及违法经营等非伦理行为，塑造声誉美好的企业社会形象。

"知行合一"的践履担当

"知行合一"是阳明心学的核心，强调认识事物的道理与实行其事是密不可分的。"知"是内心的觉知，对事物的认识；"行"是人的实际行为。张謇认为"知行合一"的本质是"真知自能力行"，兴办实业才能摆脱华夏积贫积弱的态势。张謇鼓励多游历，阅尽世界大观，探索西方文化和发展脉络，获取西方科技进步和实业发展的"真知"，借此"真知"指导在中国大力发展实业。张謇在《江苏学会致学部函》中表明："良知之学，重在知行并进。居今之世，舍知行并进，尚安有所谓学务哉？"因此，张謇知行合一重点在于"知行并进"，缺一不可。

事实上，张謇的"知行并进"并不是去辩证"知"与"行"的先后问题，而是在实业救国、教育兴国中，追求"知"与"行"的一致性，努力开拓并发展经济，让处于水深火热的中国人民看到希望和生机。早期的张謇致力于军事工作，以期改变国家落后面貌，但是发现军事斗争无法改变国内积贫积弱的现状。于是，他"当自兴实业始，然兴实业则必与富人为缘，而适违素守。又反复推究，乃决定捐弃所恃，舍身喂虎，认定吾为中国大计而贬，不为个人私利而贬，庶愿可达而守不丧。自计既决，遂无反顾"，下定决心涉足实业。为此，他愿意躬身入局做传统书生不屑之事，他"兴鱼堰充采芹"，甚至放低姿态登报"状元鬻字"。一切举动似乎都

赤子心峥嵘路：张謇精神对中国式管理现代化的启示

是在致敬400年前阳明"边讲学边灭匪"的知行合一。因此，张謇"知行并进"的思想，是同我国古代士大夫"为天地立心，为生民立命，为往圣继绝学，为万世开太平"的最高理想相契合的。

中国式管理现代化离不开自身独特的文化传统根基，"知行合一"助力现代化企业探索出超越西方文明的中国式管理方式。张謇对于"阳明心学"的践履对于当前中国现代化企业的文化构建具有重要的启示和借鉴意义。一方面，企业文化是企业内部群体共同遵守的价值观念、信念、仪式及其相关理念在生产经验、管理实践和员工行为方式体现的总和。"阳明心学"可以让人们从知行的整体视角理解企业文化的意识和实践的关系，企业文化一般属于意识范畴，要想发挥作用离不开实践和保障，这就需要全员参与。企业要主动开展"阳明心学"的文化宣讲，帮助企业员工准确理解"阳明心学"，确保员工真懂真信并用实际行动去践履。同理，企业领导要率先垂范，做好企业文化的倡导者，成为员工道德规范的引路人。因此，新时代下的企业文化不能停留在文化制度建设层面，必须落脚到企业实践中。另一方面，中国式现代化管理要构建"良知"企业经营哲学，推动伦理道德超越狭隘的企业利益观。企业要让"良知"成为日常管理的主导思想和规范准则，规范和约束企业自身和企业成员行为。"大变局"新时期下，企业更要自觉地遵循"良知"，当面临有可能危害社会、行业和他人利益的诱惑时，能够自觉"去恶"，杜绝和清理不正当的行为倾向，遵守伦理、德行和信念，始终将国家利益、社会利益和公共利益置于经营目标之上。

结　论

纵观张謇的闳阔人生，正因为他在现实世界里不断感受知与行，我们才有幸看到一位状元企业家登上实业救国的恢宏舞台，为风雨飘摇的旧时代带来光明。科举折桂并非功成名就的终点，而是实业许国的起点。我们可以重温张謇63岁时塑造"中国近代模范县"的为霞满天，追逐他59岁时承担实业总长的志在千里，感悟他47岁时开创大生纱厂的白手起家，回顾他42岁时一日看尽长安花的冷籍夺魁。终于，我们看到南通那位32岁的志气书生，怀揣实业许国的勇气、产业报国的信心和实业强国的恒心走进实业天地，默默地践履一个又一个报国理想，在动荡不安的年代里书写"舍身喂虎"的传奇故事。当张謇停留在尽头，我们却从起点跟随，去践行"强国富民之本实在于工"的绚烂人生。

张謇曾借世界之力为贫弱之中国、褊狭之南通探索发展道路。如今，一个有着五千载文明的大国不可阻挡地迈向现代化，这是蓝色星球上催人奋进的奋斗故事，也是引人钦佩的文明史诗。无论商业版图如何超越传统的国别界线，企业家始终有自己的祖国，中国式管理现代化终究要扎根于祖国大地，终究会镌刻华夏文化基因。因此，实业报国最令人心动的时刻，就是锐意进取的企业家邂逅神州逐梦的美好时代。推动中国式管理现代化是企业家的任务、担当和使命，中国企业家应勉懋初心，以国家富强、民族振兴、共同富裕为己任，矢志不渝地探索富民强国之路。